永遠の友情

10分で読める
オリンピック・
パラリンピック物語

大野益弘
［編著］

あかね書房

CONTENTS

第1章

史上最高の体操選手

体操

内村航平

2008年北京大会　体操男子団体総合・個人総合／銀

2012年ロンドン大会　体操男子団体総合／銀、体操男子個人総合／金、体操男子種目別ゆか／銀

2016年リオデジャネイロ大会　体操男子団体総合／金、体操男子個人総合／金

おそろしい魔物《まもの》

オリンピックには、正体不明の〝魔物《まもの》〟がいる。

いつの時代にも、どの大会の舞台《ぶたい》にもひそんでいる。

選手やチームにねらいをさだめては、見えない魔《ま》の手を動かして勝利からひきずりおろすのだ。

２０１２年ロンドン大会。

体操の競技会場でその魔物《まもの》は猛威《もうい》をふるっていた。

魔物《まもの》のかぎづめがにぎりつぶそうとしているのは、「史上最高の体操選手」のよび声高い若者がひきいる日本男子体操チーム。

23歳《さい》の若さで、世界選手権・個人総合3連覇《れんぱ》中の内村航平《うちむらこうへい》。

その親友の山室光史《やまむろこうじ》。

美しい演技に定評のある田中和仁《たなかかずひと》・佑典《ゆうすけ》兄弟。

18歳《さい》の新星、加藤凌平《かとうりょうへい》の５人からなるチームだ。

第1章　史上最高の体操選手

内村航平

団体予選。

会場の観客がおどろきの視線で見つめる。

金メダルの期待を背負ってロンドンに乗りこんだ選手たちが次々に鉄棒から落下していくのだ。

あん馬、ゆかの種目でもミスがつづく。

日本チームは5位という信じられない位置で予選を終えた。

鉄棒で落下した1人、エースの内村航平《うちむらこうへい》はインタビューで波乱の原因をきかれると青白い顔で「わからない」と答えた。

決勝で、日本チームは暗雲をふりはらおうと奮闘《ふんとう》した。

第1種目のつり輪では高得点を相次いで出し、金メダル争いの宿敵・中国をリード。

だが第2種目の跳馬《ちょうば》で、オリンピックの魔物《まもの》が1人の選手をねらい撃《う》ちする。

この種目を得意とする山室光史《やまむろこうじ》がバランスをくずして着地に失敗し、負傷離脱《りだつ》。

残る4人はそれでも金メダルのために必死で演技をつづけ、中国にくらいつこうとしたが、最終種目のあん馬で3たび得体のしれないものの力が動いた。

地元イギリスチームの健闘《けんとう》に対する大かっさい。

最終演技者としてマットに立つ内村《うちむら》の耳をさし、集中を乱す。

あん馬からの降り技は大きく乱れた。

掲示板《けいじばん》に表示された順位は、金メダルどころか銀、銅をものがす「４位」。

その後判定がくつがえり、最終的に銀メダルを手にした日本チームだったが、選手たちの表情に達成感や満足感はなかった。

チームみんなで喜びたかった

内村《うちむら》はその数日後、日本選手では28年ぶりとなる個人総合の金メダルにかがやく。

さらに種目別のゆかでも銀メダルをかくとく。

あわせて３つのメダルを手にして大会を終えた。

だが、内村《うちむら》のなかに残るのは反省ばかりだ。

団体金メダルをとって、チームみんなで喜ぶことが一番の目標だったからだ。

高校1年の夏にテレビで見た、２００４年アテネ大会日本体操男子チームの美しい演技と金メダル。

第1章　史上最高の体操選手

内村航平

28年ぶりの団体優勝のシーンがあざやかに記憶《きおく》に焼きついている。

「金メダル最有力」と言われ、知らずしらずのうちに油断をしたのかもしれない。

「金メダルを」という選手たちの意気ごみが強すぎて、空回りしてしまったのかもしれない。

オリンピックの魔物《まもの》が何につけこんできたのかはわからない。

次のリオデジャネイロ大会では、金メダルをとって魔物《まもの》を打ち負かそう。

リベンジを目指す日々がはじまった。

ぼくは、天才じゃない

内村航平《うちむらこうへい》の競技人生は、意外なことに最下位からのスタートだった。

6歳《さい》ではじめて参加した競技会。

技にいどむのがこわくなって、とちゅうでやめてしまったのだ。

体はかたく、技をおぼえるのも早いほうではない。

子どものころの航平《こうへい》は選手として目立つ存在ではなかった。

でも他の子どもたちとちがっていたのは、とにかく体操が大好きでだれよりも体操を楽しんでいたところ。

とくに熱中したのはトランポリンだ。

航平《こうへい》は、トランポリンで高くとんだときに見える景色が大好きだった。

景色を見ながら、空中で体をひねったり回ったりする感覚。

この感覚を幼いころから刻みこんだことは、のちの大活躍《かつやく》の大きな要因となる。

ゆかや鉄棒などで複雑な空中技をおこなうとき、選手は空中での景色がすべて見えているわけではない。

体の感覚と計算をたよりに動いているというのがふつうだ。

でも彼《かれ》は、その景色がほとんど見え、ゆかに対して自分がどんな角度、どんな形になっているかがわかる。

だから、技をおこないながら細かく体を調整し、美しく整った演技をすることが、できるのだ。

実際に体操を練習しているときだけでない。

学校の授業中も体操の絵をえがいて技を研究するなど、航平《こうへい》の頭の中は体操でいっぱいだった。

内村航平

その熱心さが実り、東京の高校に進学して強豪《きょうごう》選手を輩出《はいしゅつ》する体操クラブに入ると一気に成長した。

中学までは自分の好きなように練習していた航平《こうへい》だったが、柔軟《じゅうなん》や筋力トレーニングをふくむ基礎《きそ》からの地道な特訓で才能を開花させる。

同じく高校トップクラスで活躍《かつやく》する山室光史《やまむろこうじ》と知り合い、仲良くなった。

そして高校生にして1学年下の田中佑典《たなかゆうすけ》とともにナショナルチームに選出され、脚《きゃっ》光《こう》をあびることになる。

長崎の母親が、東京に住む内村《うちむら》をおとずれたときのこと。

夜、両ひざを柔道《じゅうどう》の帯でかたくしばりあわせて寝《ね》ている息子を見て母親はびっくりした。

美しい体操をするために、両足をそろえたときにひざとひざがぴったりつくよう、足を矯正《きょうせい》しようとしていたのだ。

体に悪いからやめなさい、と説得されてもやめなかった。

天才型ではなく努力型だと言いきる彼《かれ》のがんばりとがんこさがわかる。

高校生時代のエピソードだ。

あとは内村《うちむら》にまかせる

２００８年、内村《うちむら》は19歳《さい》ではじめてオリンピックに出場した。

舞台《ぶたい》は北京。

団体戦メンバーに、あこがれのアテネ大会金メダリスト冨田洋之《とみたひろゆき》と鹿島丈博《かしまたけひろ》がいた。

オリンピックで演技ができるうれしさでいっぱいの内村《うちむら》は、のびのびと実力を発揮。

早くもエース級の活躍《かつやく》をみせ、団体銀メダルの大きな戦力になった。

個人総合では、日本選手としては24年ぶりのメダルとなる銀メダルをかくとく。

あざやかな内村《うちむら》の体操。

最強のライバル国、中国でも「世界一ひねりの上手な選手が出現」と取り上げられたほどだった。

新エースの誕生に、日本じゅうがわいた。

「本番でもまったく緊張《きんちょう》しない」

「まわりのことに興味がない」

堂々と語るマイペースなキャラクターも注目され、内村《うちむら》フィーバーがおきた。

自分は自分、ひとはひと、という内村《うちむら》の考えが変化しはじめたのは、北京大会の3か月後。

もっとも尊敬する日本のエース、冨田《とみた》の現役引退がきっかけだ。

冨田《とみた》が引退を決意したのは、すばらしい才能を持つ内村《うちむら》を見たからだ。

日本体操の未来をたくせるという安心があった。

「あとは内村《うちむら》にまかせる」

冨田《とみた》の言葉は、内村《うちむら》の心にずっしりとひびいた。

これからは自分がチームを引っぱって、団体金メダルを実現する。

内村《うちむら》のなかに責任感がめばえた。

ロンドン大会に向けて内村《うちむら》の技はどんどん精度をます。

その表情は引きしまっていく。

空中技がないため、あまり好きでないあん馬にも徹底《てってい》的に取り組む。

北京大会の翌年から、世界選手権個人総合3連覇《れんぱ》という圧倒《あっとう》的な結果を出した。

ひょうひょうとした、たたずまいの裏の努力。

内村《うちむら》はだれの追随《ついずい》もゆるさない王者の道を歩んでいく。

そんな中での、ロンドン大会の団体銀メダルと、個人総合金メダルだった。


２００４年アテネ大会のあと、体操競技のルールが変更《へんこう》された。

姿勢の美しさ、技のエレガントさや完成度といった「演技の美しさ」から、「技の難易度」を重視する採点方法に変わった。

それ以来、団体戦でつねに日本チームの前に立ちはだかったのは中国だった。

世界選手権でも、日本は、中国に次ぐ銀メダルの位置に甘《あま》んじていた。

しかし、その差は年々、せばまっていった。

チームのメンバー全員がたのもしく成長していたからだ。

ロンドン大会で最年少ながら団体銀メダルに大きく貢献《こうけん》した加藤凌平《かとうりょうへい》。

冷静で確実な演技をするオールラウンダーの彼《かれ》は、いまや内村《うちむら》の片腕《かたうで》といってもいい存在だ。

同じくロンドン大会にも出場した田中佑典《たなかゆうすけ》。

かんじんな場面でのミスはあるものの、日本チームのほこる「美しい体操」をもっとも高いレベルで表現できる選手。

そして、２０１３年の世界選手権に史上最年少の17歳《さい》で初出場し、いきなりゆかで金メダルをとった「ひねり王子」白井健三《しらいけんぞう》。

おれたちが一番かっこいい試合をしたよな

中国でおこなわれた２０１４年世界選手権では、日本選手たちが美しく整った演技を積み重ね、逆に中国の選手たちはミスを連発した。

しかし地元中国での開催《かいさい》ということもあってか、中国側の減点は少ない。

しまいには、中国の最終演技者に信じられないような高得点が付く。

中国が逆転の金メダルを手にした。

あまりのくやしさに表情をなくす日本選手たち。

ホテルに帰ってきたとき、笑顔になって口を開いたのは内村《うちむら》だった。

「おれたちが一番かっこいい試合をしたよな」

この言葉がチームを変えた。

自信をもって次の戦いにいどむ、前向きなふんいきがもどったのだった。
翌年、日本チームは中国を下す。
37年ぶりの世界選手権団体金メダルにかがやいた。
内村《うちむら》にとっても、すべての世界大会を通じてはじめての団体金メダルだった。
そしてこの大会。
彼《かれ》は個人総合６連覇《れんぱ》という前人未到《みとう》の記録を達成する。
だが、戦いは終わってはいない。
３年前にロンドンで自分たちを苦しめたあの魔物《まもの》。
オリンピックの魔物《まもの》が、１年後のリオデジャネイロでまっている。

リオオリンピック

２０１６年、まためぐってきたオリンピックの舞台《ぶたい》。
リオデジャネイロに降り立ったのは、内村《うちむら》、加藤《かとう》、田中佑典《たなかゆうすけ》、白井《しらい》、そして山室《やまむろ》。
くしくも、５人のうち白井《しらい》を除く４人は、ロンドン大会と同じメンバーだ。

前大会の失敗はくりかえさない。

選手たちはそう胸に誓《ちか》っていた。

しかし、この大会でも試練が彼《かれ》らをみまった。

予選で、田中《たなか》があん馬と平行棒から落ちる。

山室《やまむろ》もミスを連発。内村《うちむら》さえも鉄棒から落下した。

順位は4位。

決勝では苦手なあん馬からはじまり、体力を必要とする鉄棒とゆかが、最後にくる。

厳しいローテーションでのぞまなければならない。

4年前をほうふつとさせる状況《じょうきょう》だ。

しかし、選手たちは落ち着いていた。

それぞれにミスの原因を特定できていたからだ。

会場のふんいき、器具の具合、心身の調子。

冷静に状況《じょうきょう》をみきわめ、自らを整えなおすことができるのも、4年前の経験があるからこそだ。

いよいよ団体の決勝がはじまった。

6種目で3人ずつが演技をし、合計点でメダルを競う。

まずはあん馬。

トップバッターの内村《うちむら》が安定感のある演技でメンバーを勇気づけたが、2人目の山《やま》室《むろ》が演技の後半で落下。

予選でもミスのつづいた山室《やまむろ》に、不安の目が向けられる。

しかし、山室《やまむろ》は立てなおした。

リオの山室《やまむろ》

山室《やまむろ》は、ロンドン大会では骨折して試合なかばで離脱《りだつ》。銀メダルの表彰《ひょうしょう》台では、なごやかな笑顔の下に、だれよりも強いくやしさをかくしていた。

数年間のつらいリハビリや練習のすえ、やっと大舞台《ぶたい》にもどってきた。

それがリオの山室《やまむろ》だ。

あん馬の演技を再開すると、最後の着地まできっちりとやりきり、全体の完成度を予選よりも高めることで落下分の減点を最小限にとどめた。

その後、加藤《かとう》の演技で第1種目を終え、日本の順位は8チーム中6位。

第2種目のつり輪は、田中《たなか》、内村《うちむら》、山室《やまむろ》。

それぞれ手堅い演技で順位をひとつ上げる。

第3種目の跳馬《ちょうば》では、加藤《かとう》がばつぐんの安定感を見せて15点をだす。

続く内村《うちむら》が大技「リ・シャオペン」を決める。

3人目に登場した19歳《さい》の白井《しらい》が、自らの名前のつく「シライ／キム・ヒフン」を、よゆうで成功させる大物ぶりを見せた。

15・633点をたたきだす。

順位は一気に2位まで浮上《ふじょう》。

トップに立っているのはロシアだ。

第4種目の平行棒は、田中《たなか》。

予選のふがいない出来をくつがえそうと決意十分だ。

棒上で、時が止まったかのような美しい倒立《とうりつ》を何度も披露《ひろう》。

15・900の高得点。

吸いつくような着地に舞《ま》い上がる白い粉までが芸術的に見えた。

加藤《かとう》、内村《うちむら》も15点台をだして首位ロシアとの差を１・３まで縮める。

第５種目は鉄棒。

落下は、大きな減点の対象となる危険があり、緊張《きんちょう》感がます。

だが加藤《かとう》が手放しの大技を次々に決めてあざやかな着地を決める。

会場は大歓声《かんせい》に包まれた。

内村《うちむら》、田中《たなか》も高難易度の演技を成功させ、１種目をのこして、日本は首位におどりでる。日本、ロシア、中国の順だ。

最終種目はゆか。

まってましたとばかりに、白井《しらい》の小柄《こがら》な体が空中で目にもとまらぬひねり技を展開し、16・１３３という超《ちょう》高得点をたたきだす。

そして加藤《かとう》の演技につづいて、最後は内村《うちむら》。

チームでただ１人６種目をこなし、つかれとも戦っていたはずの彼《かれ》のゆかの演技は、その日の彼《かれ》の演技中もっとも高得点の15・６００を記録した。

表彰《ひょうしょう》台の真ん中。

最年長でありながらメンバーのだれよりも無邪気《むじゃき》に笑顔をはじけさせる内村《うちむら》。

まちにまったその瞬間《しゅんかん》がどんなにうれしかったかを、その姿が物語っていた。

オリンピックの魔物《まもの》は、内村《うちむら》たちの心の強さと冷静さの前に敗れ去ったのだった。

2日後。

内村《うちむら》は個人総合で、22歳《さい》のウクライナの新鋭《しんえい》、オレグ・ベルニャエフと一騎《いっき》打ち。

ベルニャエフに1点近い大差をつけられた最終種目。

平静そのものの表情で鉄棒にいどみ、はなれ技では高く空中を舞《ま》い、ぴたりと着地。

このとき痛そうに顔をゆがめたが、姿勢をくずすことはなかった。

15・800の高得点に会場がわく。

内村《うちむら》の後に演技をしたベルニャエフはプレッシャーのためかミスがでる。

内村《うちむら》の逆転金メダルが決まった。

1972年ミュンヘン大会の加藤澤男《かとうさわお》以来44年ぶりとなる2連覇《れんぱ》の達成だ。

鉄棒の着地で顔をしかめたのは、なんと演技のとちゅうで人生初のぎっくり腰《ごし》になっていたから。

そんな状態で、内村《うちむら》はこの快挙をやりとげたのだった。

試合後のメダリストの記者会見。

内村《うちむら》に対して、記者から、「審判《しんぱん》に気に入られているから高得点がでるのでは？」

という質問が出た。

「どんな選手でも公平にジャッジしてもらっていると思う」

内村《うちむら》は淡々《たんたん》と答えたが、そこにベルニャエフが割りこんだ。

ベルニャエフの怒《いか》り
世界からの尊敬

「スコアが公平であることは我々選手みんなが知っている。

航平《こうへい》さんはこれまですばらしいスコアに見合う演技をしつづけてきた。

今のはむだな質問だったと思う」

内村《うちむら》に敗れた彼《かれ》が、怒《いか》りをあらわにして記者をしかったのだ。

つづいて銅メダルのマックス・ウィットロック（イギリス）も、これだけ冷静に最後の着地まで決めたのはたいへんなことだと内村《うちむら》をたたえた。

世界の一線で活躍《かつやく》する若い体操選手たちにとって、内村《うちむら》はあこがれの存在。

内村《うちむら》のすごさを一番よく知っているのは彼《かれ》らだ。

それが、伝わってくるシーンだった。

【参考文献】
『内村航平　オリンピックのアスリートたち』本郷陽二（汐文社）２０１２
『自分を生んでくれた人』内村周子（祥伝社）２０１２
『Ｓｐｏｒｔｓ　Ｇｒａｐｈｉｃ　Ｎｕｍｂｅｒ　２０１６／９／９特別増刊号　Ｒｉｏ　２０１６　Ｒｅｖｉｅｗ　熱狂のリオ。』（文藝春秋）２０１６
『Ｓｐｏｒｔｓ　Ｇｒａｐｈｉｃ　Ｎｕｍｂｅｒ　Ｐｌｕｓ永久保存版　東京へと続く物語。』（文藝春秋）２０１６
『永久保存版　リオデジャネイロ五輪総決算号』（ベースボール・マガジン社）２０１６
『チームでつかんだ栄光のメダル　体操男子　内村・白井・加藤・山室・田中』本郷陽二（汐文社）２０１６

第2章

サッカー少年がかなえた世界への夢

車いすバスケットボール

京谷和幸

2000年シドニーパラリンピック　車いすバスケットボール男子／出場
2004年アテネパラリンピック　車いすバスケットボール男子／出場
2008年北京パラリンピック　車いすバスケットボール男子／出場
2012年ロンドンパラリンピック　車いすバスケットボール男子／出場

友人の家から、車で帰るとちゅうだった。

翌日に結婚《けっこん》式の衣装あわせをひかえ、少し急いでいた。

とつぜん目の前にあらわれた車をよけようとハンドルを回し、電柱に激突《げきとつ》——。

これが京《きょう》谷《や》和幸《かずゆき》の、人生のターニングポイントだった。

天才サッカー少年の夢

足が速くて負けずぎらいで明るい。

それが子どものころの京《きょう》谷《や》和幸《かずゆき》だ。

小学2年生のときにサッカー部に入ると、ボールをける、止めるという基本動作のときから、コーチやまわりの人にほめられてうれしくなった。

「おれ、サッカーが得意なのかもしれない」

すっかり楽しくなった和幸《かずゆき》はサッカーに熱中。

小学4年生のときには市の選抜《せんばつ》チームの一員になった。

小学校の卒業文集に書いた将来の夢は、「プロのサッカー選手になりたい」。

京谷和幸

当時、日本サッカーにプロの世界はまだなかったが、和幸《かずゆき》の頭には、大勢の歓声《かんせい》をあびている自分の姿がはっきりとイメージされていたのだ。

それどころか、夢は早くも世界にまで広げられていた。

1982年サッカーワールドカップで活躍《かつやく》した天才ドリブラー、リトバルスキー（西ドイツ）のようになりたい。

そのためにはひとの2倍も3倍も練習しなければ。

そう思って練習にはげむことで、和幸《かずゆき》はどんどん上達した。

北海道のサッカー名門校、室蘭《むろらん》大谷高校に入学するときも、反対する両親を、

「1年でレギュラーになって10番になれなかったらサッカーをやめる」

と約束して説きふせた。

そして、全国大会でも優勝候補といわれる強豪《きょうごう》チームで、実際に1年でレギュラーをとり、背番号10番をつけたのだ。

高校2年からは日本ユース代表にも選ばれる。

海外の選手たちと対戦するようになった。

卒業するときにはおおくの企業《きぎょう》や大学からスカウトをうけた。

タイミングよく、このころ日本では、企業《きぎょう》サッカーのリーグ「日本リーグ」をプロ化する動きがはじまっていたのだ。

和幸《かずゆき》は名門チーム（現在のジェフユナイテッド市原・千葉）をもつ古河電気工業に入ることを決めた。

かがやかしい船出だった。


古河電工に入社してからも、京谷《きょうや》は「10年に1人の逸材《いつざい》」などと評価された。

「おれよりうまいやつはいない」と乗りに乗っていた。

それだけに生意気さも人一倍だったが、サッカーのプレーで納得させるのが、彼《かれ》のやりかただった。

そして１９９１年、翌年のJリーグ開幕をひかえて、京谷《きょうや》は現在のジェフユナイテッド株式会社となる会社とプロ契約《けいやく》をむすんだ。

「プロになりたい」と卒業文集に書いてから8年。

ついに夢が実現した。

さらにうれしいプレゼントがあった。

あこがれているリトバルスキーが、助っ人の外国人選手としてジェフユナイテッド市原・千葉にやってきたのだ。

リトバルスキーとともにＪリーグで活躍《かつやく》したい！

その日を、京谷《きょうや》はいまかいまかと、心まちにしていた。

恋人《こいびと》に、おれのプレーをみせたかった

しかし、運命がそれを許さなかった。

Ｊリーグ開幕に向けた海外キャンプ。

京谷《きょうや》はひどい肉はなれをおこしてしまい、チームを離脱《りだつ》する。

そして１９９３年５月15日の開幕を、リハビリをしながらくやしい気分で見守ることとなった。

ケガから復帰してからも、サテライトチーム（二軍）に合流させられる。

なかなか試合にだしてもらえない。

京谷《きょうや》は、あせりを強めていった。

恋人《こいびと》の陽子との結婚《けっこん》が決まっていたこともあり、早く試合で活躍《かつやく》したかったのだ。

何度もアタックをくり返し、やっとふり向いてもらえた恋人《こいびと》。

そんな恋人《こいびと》に、はやくプレーをみせたい。

それだけに10月11日、ついにJリーグのトップチームで試合デビューをはたせたときの喜びはひとしおだった。

とちゅう出場だったが、たしかな手ごたえも感じられた。

その後も試合に出られない日々はつづいたが、レギュラーとして活躍《かつやく》する近い将来を思いえがいて、京谷《きょうや》はがんばった。

もちろん、日本代表になるという、その少し先の未来も夢見ていた。

車で事故にあったのは、そんな日々のまっただなか。

22歳《さい》、まさにこれからという年齢《ねんれい》だった。

つきつけられた現実

気がついたとき、京谷《きょうや》は病院のベッドに寝《ね》かされていた。

体のいたるところに、管がつながっている。

胸から下はギプスでがっちり固定され、身動きもできなかった。

陽子が病院に通ってきて、世話をしてくれた。

一刻も早くJリーグに復帰したい。

肋骨《ろっこつ》や背中の痛みにたえながら、体の回復をまった。

だが、ギプスは手術から何日たっても外れない。

気になったのが、両足のしびれだ。

いずれ治るだろうと思っていたが、よくなるきざしは、まったくなかった。

ベッドの上でじりじりした思いをかかえる。

そんなある日、陽子がやってきて、とつぜん言った。

「入籍《にゅうせき》しよう」

自分が退院して、サッカーに復帰してからでもいいのでは？

なぜ陽子がいそぐのだろう。

京谷《きょうや》には理解できなかったが、彼女《かのじょ》の顔は真剣《しんけん》だった。

陽子は、医師にある事実を聞かされていた。

京谷《きょうや》は脊椎《せきつい》を損傷し、下半身不随《ふずい》になってしまっているということ。

足でボールを蹴《け》ることはもうできないのだということ。

もし彼《かれ》がこのことを知ったら……。

すべてに絶望し、後ろ向きになってしまうかもしれない。

そんなとき、彼《かれ》のいちばん近くにいてささえていきたい。

それが陽子の思いだった。

２人は、病室のベッドの上で婚姻《こんいん》届を書いた。


数日後。

京谷《きょうや》は、病室で陽子が置き忘れていったノートを見つけた。

なにげなくめくると、衝撃《しょうげき》的な言葉が目に飛びこむ。

「脊髄《せきずい》神経がダメになっている」

それが下半身不随《ふずい》を意味することは京谷《きょうや》にもわかった。

だがこのとき、彼《かれ》はノートに書かれた言葉をうけ入れなかった。

自分自身は何も聞いていないのだし、だいいち、サッカーができなくなるなんてことがあるわけがない。

しかし、ついに彼《かれ》自身が医師から宣告をうける日が来た。

サッカーがなくなったら、
生きていけない

「この症例《しょうれい》で治ったケースはありません。これからは車いすの生活になります」

京谷《きょうや》は、わかりました、と答えた。

だがこのときも、頭は現実を理解することをこばんでいた。

「いや、なんとかなるはずだ」

「サッカーがなくなったらおれは生きていけない」

希望と絶望をくりかえす。食欲はまったくうせた。

面会に陽子がやってきた。

事実を知った京谷《きょうや》のことを思って涙《なみだ》を流す陽子に、

「おれは悲しすぎて涙《なみだ》もでない。おまえにおれの気持ちがわかるか！」

とひどいことも言ってしまった。

1人になると、せきをきったように涙《なみだ》があふれだす。

ふるえが止まらなくなった。

夜がふけ、朝が来た。

泣きつかれた彼《かれ》はふと空腹を感じた。

だが、自動販売《はんばい》機まで歩けない。

ジュース1本を買うこともできない。

サッカーどころか、1人では何もできないのだ。

そう気づいたとき、頭がいっぱいで聞き流していた前日の陽子の言葉がよみがえってきた。

「1人じゃできないことも、2人なら乗りこえられる。

2人でがんばっていこうよ」

自分が下半身不随《ふずい》になったことを知りながら、結婚《けっこん》を決意した陽子。

その覚悟《かくご》に、京谷《きょうや》はこのときようやく思いいたったのだ。

「陽子のためにも1日でも早く社会復帰して、陽子を幸せにする」

京谷《きょうや》のなかで、新たな原動力が生まれた。

下半身がだめなら上半身だ。

宣告の翌日から、京谷《きょうや》はベッドの上で筋力トレーニングをはじめた。

2か月間もベッドに横たわっていた毎日。

だから、車いすにはじめて乗った時にも、ただ座っているだけで気分が悪くなった。

第5、第6胸椎《きょうつい》圧迫《あっぱく》脱臼《だっきゅう》骨折によって、みぞおちから下の感覚を失ったため腹筋や背筋も使えない。

座った状態でも上半身をまっすぐにささえることが難しい。

しかし、自力で動くことができる喜びのほうが大きい。

腕《うで》と肩《かた》をきたえ、全力でリハビリをした。

立ちはだかる現実

京谷《きょうや》の前に立ちはだかる問題は、体のことだけではなかった。

退院の見こみが立つようになっても、住むところがなかったのだ。

車いす生活者だと言うと、壁《かべ》や畳《たたみ》に傷がつくという理由で、賃貸物件では断られてしまうからだ。

保険金もあり、マンションを買うことにした。

しかし、その先の生活のめどはたってない。

何より彼《かれ》自身、何をして生きていくのか、目標を見つけ出せずにいたのだ。


おれにはできない！


そんなときに出合ったのが、車いすバスケットボールだった。

最初は、リハビリ施設《しせつ》で車いすバスケチームの練習風景を見て、「こんなものか」と思った。

プロサッカー選手として活躍《かつやく》していた自分なら、すぐにでも活躍《かつやく》できそうだ。

だが、全国大会上位の名門チーム「千葉ホークス」の練習を見て衝撃《しょうげき》をうける。

「おれにはできない！」

車いすどうしがぶつかるパワー。

車いすを駆《か》るスピード。

ボールをあつかうテクニック。

どれも、京谷《きょうや》の想像をはるかに超《こ》えるものだった。

これまでの強気はどこへやら、彼《かれ》は本格的な車いすバスケットの迫力《はくりょく》にしりごみしてしまったのである。

だが、車いすバスケットボールは、そんな京谷《きょうや》を見捨てていなかった。

その年に愛知県でおこなわれた国民体育大会の身体障がい者スポーツ大会に人数あわせのために参加した京谷《きょうや》は、チームメートとともに過ごしてみておどろいた。

彼《かれ》らは、日常生活でもじつに器用に車いすを乗りこなしていた。

健常者用のエスカレーターにさえ、テクニックを使ってひょいっと乗ってしまうのだ。

「車いすでも、コツをつかめばいろんなことができるんだ……」

練習でも、プロサッカーにまったくおとらぬほど綿密な戦略をねっている。

熱意と技術をまのあたりにしたことで、京谷《きょうや》の車いすバスケットボールへの見方は大きく変わった。

「これは正真正銘《しょうしんしょうめい》のスポーツだ。おれも参加したい！」

京谷《きょうや》と、車いすバスケットボールを強く結びつけたきっかけは、ほかにもある。

サッカー仲間の結婚《けっこん》式。

出席した選手たちがワールドカップ予選の話で盛り上がる。

そのなかで、京谷《きょうや》は独《ひと》り取り残された気分を味わっていた。

その時に、

「車いすバスケットボールでも、日の丸をつければ、サッカー日本代表と同じ土俵に立てる」

と気づいたのだ。

そしてもうひとつは、１９９６年２月に娘《むすめ》が生まれたこと。

娘《むすめ》に、父親が障がいをもっていることでつらい思いをさせたくない。

娘《むすめ》がほこれる父親になりたい。

この強い思いが、京谷《きょうや》をパラリンピックへの夢に向かわせたのだった。


４年後のシドニーパラリンピックを目標に、千葉ホークスで練習にはげんだ。

車いすのブレーキは手で直接タイヤをつかんでおこなうため、手のひらはやけどし、皮がめくれ、ひどい状態になった。

だが、車いすバスケの選手たちはその痛みに耐《た》えながら、タイヤの摩擦《まさつ》に負けない手のひらを育てていく。

京谷《きょうや》も歯を食いしばって練習をつづけた。

京谷和幸

所属チームの千葉ホークスには、各ポジションに全国トップレベルの選手がいた。

最初は試合にでることすらできなかった。

車いすバスケットボールには、「クラス分け」という枠《わく》がある。

障がいの程度によってクラスは1〜5に分けられる。

京谷《きょうや》は一番障がいの程度の重いクラス1。

同じクラス1に日本代表の選手がいたため、京谷《きょうや》はこの選手に勝たないと試合に出られないのだ。

シュートの上手いその先輩《せんぱい》とは、ちがう強さで勝負しなければならない。

サッカー時代につちかった読みのするどさや視野の広さを、ディフェンスで活かせることに気づいた。

ドリブルをし、パスをやりとりしながら、チームワークで相手ゴールにせまり、得点をあげる。

だれか1人の動きでも欠けていれば、その得点は生まれない。車いすバスケットは、サッカーとほとんど同じ……やればやるほど、そう感じるようになっていた。

京谷《きょうや》は車いすバスケットボールをしながら、その前の人生で打ちこんできたサッカーの能力を存分に活かしていたのだった。

もうこの場所を ゆずりたくない

2000年シドニーパラリンピックに、28歳《さい》の京谷《きょうや》は日本代表として出場した。
初戦は地元オーストリアとの試合。
約8000人の大歓声《かんせい》に包まれたとき、思った。
「やっとこの舞台《ぶたい》に帰ってくることができた」
頭の中に、Jリーグの試合で大歓声《かんせい》をあびている自分の姿がよみがえっていた。
もうこの場所を、だれにもゆずりたくない。
京谷《きょうや》の車いすが、猛烈《もうれつ》な回転をはじめた。

シドニー大会の日本チームの成績は、12チーム中9位。
日本の実力はまだまだだ。
京谷《きょうや》はこの大会で、日本チームには技術以外にも足りないものがあると知った。
試合に負けたのに笑顔を見せているチームメート。

この意識のままでは日本代表はこれ以上強くなれない。

それからの京谷《きょうや》は、まわりの選手たちに「日本代表としてのほこり、自覚、責任」を伝えることにも力をそそいだ。

「日本チームをもっと強くする」。これが次の目標になった。

トップレベルの車いすバスケットボールの試合を観た人は、まずそのはげしさに、おどろくだろう。一般《いっぱん》的な感覚では「危ない！」と思ってしまうようなスピードとパワーでぶつかり合う。

車いすごと、はげしく転倒《てんとう》することもざらだ。

「健常者でも危険そうなのに、障がいをもった人があんな転倒《てんとう》をしてだいじょうぶなのだろうか」と思ってしまうが、選手たちはけろりとした顔で、自力で起き上がってプレーを再開する。

戦術の緻密《ちみつ》さは、観れば観るほどハマってしまうほどにおくぶかく、スピード感とパワーは健常者のスポーツにおとらぬ迫力《はくりょく》だ。

いまや京谷《きょうや》は、サッカー仲間にもだれにも引け目を感じることはない。

車いすバスケットボールの世界で躍動《やくどう》しているからだ。

その姿は、天才少年とよばれた子ども時代、期待の若手選手だったＪリーグ時代に負けないほどかがやいている。

観客席には、ともにがんばってきた妻の陽子と、目をキラキラさせながら父親の活躍《かっやく》する姿を見つめる子どもたちの姿がある。

22歳《さい》で彼《かれ》は、体の半分を動かせなくなるという大きな変化を経験した。

だが、小さなころからやりつづけていた大好きなことを、サッカーからバスケットへと少しだけ形を変えて、花開かせつづけているのだった。


京谷《きょうや》は２００４年アテネ大会にも出場して8位になった。

２００８年北京大会では、選手団主将として全種目の日本選手をひきい、チーム成績は7位の過去最高順位を記録した。

２０１２年ロンドン大会でも「ほこり」と「戦う姿勢」を示した。

パラリンピック４大会での奮闘《ふんとう》ののち、京谷《きょうや》は選手を引退した。

京谷《きょうや》は今、サッカー協会公認のコーチ資格をとり、大学でサッカーを指導しながら、日本車いすバスケットボールの向上につくすといういそがしい日々を送っている。

彼《かれ》にとってサッカーは、今も変わらぬ人生の中心だ。

そしてサッカーと同じところに、車いすバスケットボールも並んでいる。

【参考文献】

『車いすバスケで夢を駆けろ――元Jリーガー京谷和幸の挑戦』京谷和幸（金の星社）2011
『パラレル 08年北京パラリンピック日本選手団主将・京谷和幸の物語』別府優希（祥伝社）2009
「クローズアップ　車いすバスケットボールプレーヤー京谷和幸　〝出会い〟が私にくれたもの（ひろげよう人権）
『地上　64』（家の光協会）2010
『みんなのねがい（517）』（全国障害者問題研究会）2010

第3章

陸上短距離100年の夢

陸上競技

チーム朝原

２００８年北京大会　陸上競技男子　４×１００ｍリレー／銀

１９１２年７月。

大観衆でわくスウェーデン・ストックホルム。

陸上競技場のトラックに、たった１人で戦う日本人選手の姿があった。

彼《かれ》の名は三島弥彦《みしまやひこ》。

オリンピック日本初参加となる、たった２人の日本選手団。

その１人として、日本じゅうの期待を背負い、彼《かれ》はトラックに立っていた。

三島《みしま》は、日本では天才の名をほしいままにする、負け知らずのスプリンターだ。

だが、ストックホルムに入って以来、はじめて見る外国人選手たちの力に衝撃《しょうげき》をうけていた。

外国人選手たちの体格のよさとパワー。

自分たち日本人とは次元がちがう。

練習でともに走ってみても、日本で１００メートル12秒台をもてはやされていた自分をあっさりとぬいていく。

こんなやつらとおれは戦うのか……。

そのプレッシャーを分かち合う仲間も、たよれるコーチもいない。

折れそうになる心。

必死に気持ちをふるいたたせながら、三島《みしま》はレースまで努力してきた。

どんな結果がまっていようとも、全力をつくすだけだ。

1種目めの100メートル。

三島《みしま》は、トップの選手に1秒以上も差をつけられて最下位になった。

それでも出したタイムは自己ベストだ。

2種目めの200メートルも最下位だった。

最後のエントリー種目400メートルは、棄権《きけん》の選手が相次ぎ、予選を走り切りさえすれば準決勝へ進めるという好条件。

準決勝のために力を温存し、予選では力をぬいて走るのがかしこい策だったかもしれない。

しかし、三島《みしま》は予選で持てる力のすべてを出しつくした。

2人で走ったレースで2着。

タイムは自己ベスト。

それが彼《かれ》の、日本人トップスプリンターとしてのプライドだった。

予選を終えた三島《みしま》の中に、準決勝を走る力は、もう残っていなかった。

「もう、走りません。たとえ１００年かかっても、日本人が短距離《きょり》走で外国人とわたりあうことはむりだ」

はだで感じたこの思い。

それでもたった１人、全力で戦いぬいたほこり。

それを胸に、日本で最初の短距離《きょり》走者、三島弥彦《みしまやひこ》はオリンピックを終えた。


たとえ１００年かかっても――。

三島弥彦《みしまやひこ》の言った、その約１００年後のオリンピック。

それが、今回の物語の舞台《ぶたい》だ。

三《み》島《しま》の予言

２００８年８月22日夜。

〝鳥の巣〟とよばれる北京のスタジアム。

チーム朝原

9万人の大観衆でうまった会場は、これからはじまる決勝レースへの期待感ではちきれんばかりだった。

トラックでは8カ国の選手が4人ずつ、それぞれの持ち場でレースの開始をまっている。

第7レーンにスタンバイしているのは、日の丸をつけた選手たち。

4×100メートルリレーの決勝に、日本チームが進だしているのだ。

かつて三島《みしま》の予言したとおり、陸上短距離《きょり》種目は長年、日本選手にとって高い壁《かべ》でありつづけた。

1932年ロサンゼルス大会男子100メートル。

吉岡隆徳《よしおかたかよし》が、日本選手初の短距離《きょり》種目決勝進出をはたす。

さらに60年後の1992年バルセロナ大会。

高野進《たかのすすむ》が400メートルで決勝に進出。

重いとびらが開かれたかに思えた。

だがその後、現在にいたるまで、個人短距離《きょり》種目で3人目の決勝進出者はいない。

それでも日本人は、先人の経験を糧《かて》にしながら研究と努力を重ねた。

１人ではだめでも、チームとなって力をあわせれば国際大会の決勝にたどりつける。
それほどまでに、日本選手のレベルは向上していった。
４×１００メートルリレーで、１９９２年バルセロナ大会では６位。
１９９６年アトランタ大会では予選失格。
だが、２０００年シドニー大会では６位。
２００４年アテネ大会では、メダルまであと一歩の４位。
そしてこの北京大会。
日本のオリンピック初参加以来、悲願の陸上短距離《きょり》でのメダルかくとく。
それがついに実現するかどうか。
大いに注目されているのだった。

信頼《しんらい》がかがやく笑顔

レース直前のひととき。
観客席から見える選手たちの姿は小さい。

チーム朝原

だが、思いおもいにレースにそなえているのが見てとれる。

チーム最年少の第一走者、塚原直貴《つかはらなおき》。

最高のスタートをきるために自分の世界に入って集中を高めているようだ。

第二走者の末續慎吾《すえつぐしんご》。

約１００メートル先の三走の高平慎士《たかひらしんじ》に大きく手をふりはじめた。

それに気づいた高平《たかひら》は末續《すえつぐ》に手をふり返す。

今度はアンカーの朝原宣治《あさはらのぶはる》に向かって両手をふる。

朝原《あさはら》は、なかなか気づかない。

手をふっている２人も、見守る観客もやきもきする。

やっと２人に気づく朝原《あさはら》。手をふりあう３人の間に、なごやかな空気が流れた。

緊張《きんちょう》感がないわけでは、もちろんない。

歴史的なレースを前にして、選手たちの肩《かた》にかかっているプレッシャーは、観客の想像もつかないほど重いはずだ。

だが選手たちの姿からは、確かな信頼《しんらい》関係がすけて見えていた。

決勝の前夜におこなわれた予選。

日本は全チーム中３位という予想以上の順位をたたきだした。

優勝候補のアメリカ、前大会金メダルチームのイギリス、銅メダルのナイジェリアが失格するという波乱もあった。

この順位にいちばん動揺《どうよう》したのは当の日本選手たちだ。

極度の緊張《きんちょう》
為末《ためすえ》の機転

「メダルがとれるかもしれない」どころではない。

「このままいけばメダルをとれる」順位。

「失敗してはいけない」というプレッシャーが、チャレンジ精神をおしつぶす。

緊張《きんちょう》は一気に高まる。

経験豊富な最年長の朝原《あさはら》でさえも同じだった。

自分たちが走った組の直後におこなわれた次の組のレースを、まったく別の種目のレースとかんちがいするほどだった。

他の３人はなおさらだ。

チーム朝原

ホテルにもどってから、補欠の齋藤仁志《さいとうひとし》をくわえた5人はひとつの部屋に集まった。

だが、何を話してもよけいに緊張《きんちょう》が高まる。

会話はとぎれがちだ。

すでにレース直前であるかのように、空気ははりつめている。


そんな空間に、ニコニコしながら入ってきたものがいる。

400メートルハードルの為末大《ためすえだい》だった。

為末《ためすえ》は、世界陸上選手権で二度も銅メダルにかがやいている選手。

そんな彼《かれ》が、軽い調子で言ってのけた。

「いよいよ明日で歴史が変わりますね。

で、メダルの色は？」

5人のだれもが頭の中に思いうかべながら、決して口にだすことができなかった「メダル」という言葉。

それをそんなかんたんに……。

選手たちはあっけにとられて顔を見あわせた。

だが、それで一気に空気がほぐれて笑顔がはじけたのだった。

メダルのプレッシャーをよく知る為末《ためすえ》だからこその思いやりだった。

「ようし、やったる！」

チームメンバーの心は、前向きになってひとつにまとまった。

おれが動けば、
すべてが動く

スタート時刻が近づく。

一走の塚原直貴《つかはらなおき》はスターティングブロックに足をかけ、意識をとぎすませていた。

ふだんはやんちゃだが、ここ一番では集中する。

武器は、じまんのスタートダッシュ。

だが、数日前に走った男子１００メートル準決勝で太もものつけ根をいためていた。

チームに迷惑《めいわく》をかけないために、決勝を補欠の齋藤《さいとう》にたくすという選択肢《せんたくし》もあった。

しかし、メダルをとるには自分が１００パーセントの力をだすことが必要だ。

「おれが動けば、すべてが動く」

みずからの気持ちの強さを信じて、スタートラインに立つことを選んだ。

チーム朝原

塚原《つかはら》はチームでいちばん若い。

今大会がだめでも、次回があるかもしれない。

だが彼《かれ》は、どうしても今大会でメダルをとりたかった。

その思いの先にいたのは、36歳《さい》の朝原宣治《あさはらのぶはる》だ。


同じメンバーでいどんだ前年の世界陸上選手権では、日本記録を更新《こうしん》した。

朝原《あさはら》は、一度は引退を決意したものの、

「この仲間ともう１大会走りたい」

ともどってきたのだ。

個性の強いチームメンバーがここまで結束を固めたのには、温厚な兄貴分、朝原《あさはら》の存在がとても大きかった。

子ども時代にチームスポーツで活躍《かつやく》した朝原《あさはら》は、いつもおおくの仲間からしたわれ、13歳《さい》も年下の塚原《つかはら》にも、年齢《ねんれい》差を感じさせずに接してくれる。

その一方で陸上競技では、コーチなどにたよることなくほぼ独学で強くなり、オリンピックでは１９９６年アトランタ大会から走りつづけ、今回で４大会目の出場。

リレーチームのメンバーは、そんな朝原《あさはら》の背中を見て育った。

その実力と人がらの両方を心の底から尊敬していた。

「最後の大舞台《ぶたい》となるこの北京で、朝原《あさはら》さんにメダルを」

これは、チームメンバーみんなの願いだった。

世界でもっとも美しい
アンダーハンドパス

一瞬《いっしゅん》の静寂《せいじゃく》が会場を包む。そして、号砲《ごうほう》。

タイミングをきっちりとらえて飛び出した塚原《つかはら》。

少し先のラインからスタートした第８レーンのオランダにくらいつく。

二走の末續《すえつぐ》にむかって、バトンを持つ手をのばした。


日本チームの技術の真骨頂、それがバトンパスだ。

バトンパスにはおもに、２種類がある。

バトンをうけとる選手が肩《かた》の高さにちかいところまで腕《うで》をあげ、パスする選手が、その手にバトンをおしつけるようにしてわたす「オーバーハンドパス」。

腕《うで》を高く上げず、手のひらを下に向けた選手に、下からバトンをわたす、「アンダーハンドパス」

「オーバーハンドパス」は、選手の間かくがひろいため、距離《きょり》を得ることができるうえ、失敗が少ないパスといわれている。

「アンダーハンドパス」はバトン選手の間かくがつまってしまうことがおおく、わたすタイミングが難しいが、走るスピードが落ちにくいという長所がある。

このアンダーハンドパスは、失敗のリスクが大きいため、他の国のチームはあまりやりたがらない。

日本はこの難易度の高い方法をあえて選び、「失敗のしようがない」といえるレベルにまで練習をかさねて大会にのぞんでいる。

それこそが日本の武器だった。

それがあったからこそ、個人種目ではかなわない短距離《きょり》種目の決勝進出をリレーではたせたのだ。

メダルをとれるかどうかは、このバトンパスがいつものようにできるかにかかっているといってもよかった。

つっこんでくる塚原《つかはら》の勢いを信頼《しんらい》し、全力で走りだしていた末續《すえつぐ》。

その手には、しっかりとバトンがわたった。

直線で距離《きょり》の長い二走区間は、「エース区間」ともよばれる。

末續慎吾《すえつぐしんご》は２００３年の世界陸上選手権で、短距離《きょり》では日本選手初のメダルとなる銅メダルをかくとくしたスター選手だ。

その後スランプも経験し、28歳《さい》になった末續《すえつぐ》にはいま、エースとしてのプライドと、若い選手たちに対する責任感の両方がそなわっていた。

今大会、個人種目では自己ベストからほど遠いタイムで１次予選を敗退。

だが、リレーではエースの役割をきっちりはたしてくれるとだれもが信じていた。

生まれ持ったバネをいかした、野生動物のようなしなやかな走り。

その走りにメダルへの強い気迫《きはく》がやどる。

末續《すえつぐ》はぐんぐんスピードをあげていく。

三走でまっているのは、４歳《さい》年下の高平慎士《たかひらしんじ》。

どちらかというとマラソン向きといわれそうな細い体型だ。

だが、スピードとスタミナをかねそなえた高平《たかひら》は、朝原《あさはら》をして「天才」といわしめる逸材《いつざい》だ。

チーム朝原

性格も個性的で、「一番でなければ気がすまない」という選手の多い短距離《きょり》界では
めずらしく、「勝つこと」よりも「自分が納得すること」を優先する、変わった気の
強さを持っていた。

つねに冷静に状況《じょうきょう》をみきわめられる選手。

それが高平《たかひら》であり、仲間やコーチからの信頼《しんらい》もあつかった。

高平《たかひら》にとって、バトンをうけ、カーブを走り、アンカーにつなぐという複雑な役割
のある三走は、まさにうってつけのポジション。

この日も、高平《たかひら》の冷静さが光った。

高平《たかひら》と同じ三走でスタンバイしていたのが、ジャマイカのウサイン・ボルト。

この大会でも１００メートル、２００メートルの2冠《かん》を達成している。

ぶっちぎりの大スター。

バトンがわたった後、しだいに差をつけられる。

高平《たかひら》は冷静に自分のペースをつらぬいて走り、ボルトに次ぐ2番手。

アンカーの朝原《あさはら》へ、希望をつないだ。

「朝原《あさはら》さん、あとは気持ちよく走ってください」

という熱い思いをこめて……。

わたされたバトン

最後の100メートルでまっていた朝原《あさはら》はこのとき、緊張《きんちょう》のきわみにいた。

体の調子は決して悪くなかった。

だが、前日の予選で力いっぱい走ったつかれがある。

36歳《さい》という年齢《ねんれい》でどれだけ回復できているのだろうか。

そんな不安がわきあがった。

「朝原《あさはら》さんにメダルを」という仲間たちの思いも知っている。

それだけに、その実現は最終走者の自分にかかっているという気負いも、緊張《きんちょう》感も極限まで高まっていた。

号砲《ごうほう》が鳴り、塚原《つかはら》が走りはじめた。

朝原《あさはら》は、仲間のレースをまともに見守ることもできなかった。

だが、手にバトンの確かな感触《かんしょく》が伝わってからは、無心で駆《か》けることができた。

今、走っているのは自分1人ではない。

そんなふしぎな感覚がそこにあったからだ。
仲間から手わたされたバトン。
それが、安心感を朝原《あさはら》にあたえていたのかもしれない。

ゴールを走りぬけた朝原《あさはら》。
かけよってくる仲間たちと顔を見あわせる。
そして、順位がでるのをまった。
3位？　いや、4位か……？
電光掲示板《でんこうけいじばん》にまず表示されたのは、ジャマイカ、37・10の文字。
世界新記録に大きな歓声《かんせい》がわきおこる。
2位はトリニダード・トバゴ、38・06。
それから、映し出されたのは——ジャパン、38・15。
オリンピック男子トラック種目初のメダル実現の瞬間《しゅんかん》。
朝原《あさはら》はわれを忘れてバトンを高く投げあげた。
緑、黄、赤のグラデーションのあざやかなバトン。
バトンは夜の空に映えたあと、どこかへ見えなくなった。

だきあって、笑顔と泣き顔を爆発《ばくはつ》させ、とびはねて大声をあげる４人。

朝原《あさはら》、高平《たかひら》、塚原《つかはら》、末續《すえつぐ》。

冷静に見るとすこしこっけいな光景だったかもしれない。

だが、観客席でも為末大《ためすえだい》が４人に負けないくらいに泣いていた。

三島弥彦《みしまやひこ》のオリンピック初挑戦《ちょうせん》から96年。

その96年間は、たくさんの日本選手が世界に近づこうとしてはやぶれ、それでも希望をつないできた〝努力のリレー区間〟そのものだ。

世界の壁《かべ》をくずすための「最終走者」として今大会の４人は走り、勝ったのだ。

信頼《しんらい》と尊敬の力でまとまった「チーム朝原《あさはら》」。

それをとりまく、おおくの選手やコーチ。

そして、それまで陸上短距離《きょり》にかかわったすべての人びとの願い。

それが、今、北京で実をむすんだのだった。

さて、朝原《あさはら》に放り投げられてしまったバトンがその後どうなったか、気になっている人がいるかもしれない。

バトンはしばらく行方不明になっていたが、地元・中国の協力で無事に発見され、現在は日本陸上競技連盟が保管している。

バトンが公開されることがあったら、ぜひ見に行ってみるといい。

約100年間の日本短距離《きょり》選手たちの〝念〟。

それが感じとれる、かもしれない。

なお、後日、北京大会でのジャマイカチームのドーピングが発覚して、金メダルがはく奪《だつ》され、日本チームは銀メダルと認定された。


【参考文献】

『パパ、かっこよすぎやん』奥野史子（小学館）2008
『チーム朝原の挑戦』折山淑美（学研）2009
『オリンピック　ヒーローたちの物語』大野益弘（ポプラ社）2012
『日経ビジネスAssocie　2008年8月5日号』（日経BP）2008
『全国高体連ジャーナル19』（全国高等学校体育連盟）2010

第4章 ひとつになった3つの心

卓球日本女子チーム
リオ大会

２０１６年リオデジャネイロ大会　卓球女子団体／銅

２０１２年ロンドン大会。

この大会で、日本卓球《たっきゅう》界にはじめてのオリンピックのメダルが誕生した。

卓球《たっきゅう》が正式競技になったのは、１９８８年ソウル大会。

この大会から、24年目の快挙だ。

世界の卓球《たっきゅう》競技では長年、中国が圧倒《あっとう》的な実力で君臨していた。

オリンピックをふくむあらゆる世界大会では、表彰《ひょうしょう》台の1位と2位を中国の選手が占《し》めるのはあたりまえ。

残りの枠《わく》を、シンガポールや韓国《かんこく》、ヨーロッパの選手があらそう。

日本は一歩およばない。

そんな状態がつづいていた。


だが２００８年北京大会で、卓球《たっきゅう》にも団体戦がはじまった。

団体戦では、中国のメダルはひとつにしぼられる。

他の国のメダルの可能性が広がった。

そして、団体戦がはじまってから、２大会目となるロンドンオリンピック。

ここで日本に悲願のメダルが実現したのだ。

最大のライバルは最強の味方

ロンドン大会でメダルをかくとくした女子団体メンバーは次の3人。

平野早矢香《ひらのさやか》。

福原愛《ふくはらあい》。

石川佳純《いしかわかすみ》。

長い間全日本で連覇《れんぱ》し「女王」のよび名をもつベテランの平野《ひらの》。

体格や身体能力には決してめぐまれていなかった。

だが、だれよりも研究熱心で努力家。

試合ではおどろくべきねばり強さで勝利をものにする。

平野《ひらの》の安定感と後輩《こうはい》たちへのやさしさがチームに落ち着きをあたえ、メダルへの大きな力となった。

福原愛《ふくはらあい》は、小さなころから「天才卓球《たっきゅう》少女・愛《あい》ちゃん」としておなじみの人気者。

その人気にあぐらをかくことはない。

日本からたった１人で中国のリーグに挑戦《ちょうせん》するなど、世界で実績《じっせき》を積み上げてきたがんばり屋だ。

最年少の石川《いしかわ》はこのとき19歳《さい》。

ここ４年で世界ランキング１１０位台から５位と驚異《きょうい》的なレベルアップをとげた。

今後の日本のエースとして期待される選手だ。

絶対王者の第１シード中国と決勝まで当たる可能性のない第２シード。

このシードを日本はとることができた。

それは、この大会まで石川《いしかわ》が休みなく世界を転戦し、世界ランキングを上げた功績《こうせき》によるところが大きかった。


団体はチーム戦だが、卓球《たっきゅう》はもともと個人競技。

チームメンバーの間には当初、「仲間」よりも「ライバル」という意識が強かった。

卓球《たっきゅう》少女愛《あい》ちゃんこと福原《ふくはら》はおさないころから注目されてきた。

世界でも実績《じっせき》をあげてきた。

だが、全日本では長く優勝にめぐまれなかった。

年上の平野《ひらの》に勝つことができないでいるうちに、４歳《さい》年下の石川《いしかわ》に先をこされる。

だが、ロンドン大会の年の1月におこなわれた全日本選手権ではその石川《いしかわ》をくだして初優勝をとげた。

対戦するときにはバチバチと火花を散らしあう。

そんなライバル関係だからこそ、団体戦では相手への強い信頼《しんらい》となった。

流れをつくった一閃

メダルかくとくの山場となった、準決勝のシンガポール戦。

シンガポールは中国から帰化した選手をそろえている。

圧倒《あっとう》的な力で、日本のメダルかくとくをはばんできた。

第1試合の相手は、福原《ふくはら》がこれまで1勝9敗と分が悪かったシングルス銅メダリスト。

だが福原《ふくはら》がみごとな勝利をおさめると、チーム全体が波に乗った。

第2戦シングルスを石川《いしかわ》が、第3戦ダブルスを平野《ひらの》・石川《いしかわ》がとって、銀メダル以上が確定した。

決勝ではパワーとスピード、精神力をかねそなえた中国チームに圧倒《あっとう》された。
やぶれはしたものの、日本初の銀メダルが胸にかがやいている。
女子卓球《たっきゅう》チームは胸をはってオリンピックを終えた。
日本では、若手の成長もめざましい。
目標は史上初のメダルかくとくから、２大会連続メダルになった。

不穏《ふおん》な空気

２０１６年リオデジャネイロ大会。
日本女子卓球《たっきゅう》チームにとってプレッシャーのますオリンピックとなった。
銀メダルをかくとくしているいま、銅メダルは単純に考えれば後退を意味する。
金メダル枠《わく》はほぼ中国に決定といってよい状況《じょうきょう》。
銀メダルを確実に取らなければならないというのはなかなか酷《こく》な話だ。
だが、それをじゅうぶんに期待させる３人がリオデジャネイロに乗りこんだ。
ベテランになった福原《ふくはら》とエース絶頂期にある石川《いしかわ》。

リオ大会　卓球日本女子チーム

そして、伊藤美誠《いとうみま》。

伊藤《いとう》は国内外の数々の大会で史上最年少優勝記録をぬりかえ、15歳《さい》という年齢《ねんれい》でオリンピックの大舞台《ぶたい》に登場した逸材《いつざい》だ。

チーム全員が世界ランク10位以内というのは日本卓球《たっきゅう》団体史上初となる。

福原《ふくはら》と石川《いしかわ》にとっては、日本初となるシングルスでのメダルかくとくも目標だった。

しかし、大会3日目。

シングルスで、最初の波乱が起きた。

石川《いしかわ》が、初戦で格下の北朝鮮《ちょうせん》の選手にやぶれて敗退したのだ。

これは石川《いしかわ》にとっても関係者にとってもショックなできごとだった。

試合とちゅうに、ふくらはぎのけいれんに見まわれるアクシデントもおきる。

団体戦へ向けて不安を残した。

福原《ふくはら》はというと準々決勝を突破《とっぱ》し、前回大会金メダリストとあたったものの準決勝で敗退。

3位決定戦では、ボールに強い回転をつけるカット戦法の選手にやぶれた。

メダルまであと一歩の4位という結果となった。

そしていよいよ、3人がチームでいどむ団体戦がはじまった。

団体戦は3試合先取の5試合制。

シングルスとダブルスを組みあわせて進行する。

1回戦の相手はポーランド。

第1試合は石川《いしかわ》が、第2試合は伊藤《いとう》が、第3試合は福原《ふくはら》・伊藤《いとう》ペアが勝って3－0で快勝した。

準々決勝の相手はオーストリア。

これも第1試合では福原《ふくはら》・伊藤《いとう》のペアが、第2試合では石川《いしかわ》が、第3試合では福原《ふくはら》が、それぞれ相手を圧倒《あっとう》して3－0で勝利。

これで、2大会連続となる準決勝進出だ。

伊藤《いとう》は、はじめてのオリンピックでも持ち前の度胸で実力を発揮。

だれよりも大会を楽しんでいるようにみえた。

石川《いしかわ》も、シングルスでの敗戦から気持ちを切りかえ、満足なプレーができていた。

福原《ふくはら》もミスの少ない安定感のある試合運びが光った。

試合が決まるたびに喜び合う3人の姿。

年の差を感じさせず、とてもほほえましかった。

準決勝の相手はドイツ。

中国からの帰化選手を複数かかえる強豪《きょうごう》国だ。

だが、このまま勢いに乗って勝ち、銀メダル以上を確定させたい。

きっとできる。

だれもがそう思っていた。

一進一退の攻防《こうぼう》

第1試合、伊藤《いとう》は第1ゲームを11－5の大差で勝利。

だが、第2ゲームを4－11でうばわれる。

第3ゲームを取り返して優位に立つも、その後2ゲームを落としてフルセットでやぶれた。

伊藤《いとう》にとって、今大会はじめての敗戦。

これまでとちがってミスが目立つ、くやしい試合となった。

第2試合は石川《いしかわ》。

カット戦法をとる大型の選手イン・ハンを相手に苦しい戦いが続く。
2ゲームをつづけて落としてしまった。
だがその後、相手をみごとに攻略《こうりゃく》して3ゲームを連取し、大逆転勝利をおさめた。
第3試合は福原《ふくはら》と伊藤《いとう》のペアでいどむが、フルセットのすえ2−3でやぶれてしまう。
福原《ふくはら》も伊藤《いとう》もミスがおおく、本来の動きではなくなっていた。
試合カウントは1−2、これ以上負けてはならない。
第4試合で石川《いしかわ》がきっちりと勝利をおさめる。
仕上げの第5試合をまかされたのは福原《ふくはら》だ。

不運の一球

第2試合で石川《いしかわ》と戦ったイン・ハンを相手に、第1ゲームを落とし、第2ゲームを勝利し、第3ゲームを落とし、第4ゲームをとる。

手に汗《あせ》にぎるシーソーゲーム。

第5ゲームまで到達《とうたつ》した。このゲームで、決勝進出ができるかどうかが決まる。

福原《ふくはら》は集中していた。

3－7と負けている状況《じょうきょう》を6ポイント連取でひっくり返し、9－7。

しかしここからハンのねばり強い守りによってスマッシュのミスを連発。

相手のマッチポイントがきた。

最後の1球。

ハンからのボールが福原《ふくはら》のコートの角に当たって軌道《きどう》を変え、ゆかに落ちた。

歓喜《かんき》に飛び上がるベンチのドイツ選手とスタッフたち。

だが、福原《ふくはら》はラケットを持ったまま、動かなかった。

彼女《かのじょ》は、ボールがコートの側面に当たったと思った。

側面に当たって落ちたのならば、ポイントは福原《ふくはら》のほうに入るはずだ。

監督《かんとく》といっしょになって、審判《しんぱん》に再考を求めた。

だが、判定はくつがえらなかった。

ボールをねらって角に当てることができる選手はいない。

このプレーも、偶然《ぐうぜん》の産物だった。

そして角に当たったボールに反応するのは、どんな選手にも不可能だ。

ここぞというときに、日本は不運によって準決勝で敗退したのだ。


「今日の負けの原因はすべて私にあります」

記者に対して、はりつめた表情で語った福原《ふくはら》。

おさないころ「泣き虫愛《あい》ちゃん」というニックネームでも知られていたほど、感情が表に出やすい性格だ。

だがこのときの福原《ふくはら》は、あと一歩のところで涙《なみだ》をこらえた。

強い表情をくずさなかった。

ここで自分が泣いて取り乱したり気持ちをひきずったりしては、石川《いしかわ》や伊藤《いとう》を動揺《どうよう》させてしまう。

４年前に年上の平野《ひらの》が自分たちをつねに引っぱり、笑顔で勇気づけた。

同じように、今大会では自分があとの２人を引っぱっていかなくては。

福原《ふくはら》の責任感があらわれていた。

チームのことを考えていたのは福原《ふくはら》だけではない。

クールな性格で、仲間に声をかけたりすることが、どちらかというと苦手な石川《いしかわ》。

リオ大会　卓球日本女子チーム

その石川《いしかわ》も言葉を発した。

「負けたのは、だれのせいでもないよ。３位決定戦に集中しよう」

泣いていた伊藤《いとう》にも、先輩《せんぱい》たちの決意と思いやりが伝わっていた。

伊藤《いとう》は伊藤《いとう》で、ロンドン大会で銀メダルをとった福原《ふくはら》、石川《いしかわ》がこの大会で大きな重圧にたえていることを感じていた。

いっしょにメダルをとって、２人を重圧から解放してあげたい。

言葉にはしなかったが、伊藤《いとう》の目にも強い思いがみなぎった。

３人の心は、それまでよりもずっと強く、ひとつになった。


翌日、シンガポールとの３位決定戦の幕があがった。

福原《ふくはら》とユ・モンユとの第１試合。

シーソーゲームで第５ゲームまでもつれ、ユ・モンユの勝利。

第２試合には石川《いしかわ》が登場。

相手は、ロンドン大会のシングルスでやぶれたフェン・ティアンウェイだ。

第１ゲームで７－10とゲームポイントをとられる。

だが、そこから５連続ポイントで逆転。

そのまま3－0でストレート勝ちを決めた。

気迫《きはく》にみちたプレーに会場がわいた。

第3試合は福原《ふくはら》、伊藤《いとう》でいどむダブルス。

福原《ふくはら》は、第1試合の敗戦から完全に気持ちを切りかえていた。

日本の勝利のために、自分にできるすべてのことをする。

福原《ふくはら》のその姿勢は、プレー以外にも発揮された。

はじめのうちは伊藤《いとう》の動きが固くミスが目立ち、第1ゲームを落としてしまう。

福原《ふくはら》はそんな伊藤《いとう》に温かく声をかけつづけ、ポイントごとにアドバイスをし、勇気づけた。


それにこたえるように、みるみる勢いに乗っていく伊藤《いとう》。

息の合ったプレーで2人は3ゲームを連取し、4－1で勝利した。


次の試合で日本が勝てば、銅メダルが決まる。

コートに立った伊藤《いとう》。

相手のフェン・ティアンウェイのラケットがふるえているのに気がついた。

ベテランの実力者でも、これほどの緊張《きんちょう》と不安にかられているのだ。

伊藤《いとう》自身はフェンとは逆に、大きな力がみなぎっているのを感じていた。

石川《いしかわ》と福原《ふくはら》の思いが乗りうつり、みんなでいっしょに戦っている。

その安心感と自信が伊藤《いとう》をつつんでいた。

鬼《おに》、誕生

第1ゲーム、第2ゲーム、第3ゲーム……若い伊藤《いとう》の勢いはどんどん加速し、その攻撃《こうげき》はさえわたった。

連続ポイントにつぐ連続ポイント。

15歳《さい》の少女とは思えない、まるで鬼《おに》のような迫力《はくりょく》。

世界ランク上位の実力者の心を完全に食った。

そして、3−0でゲームセット。

おそろしいほどの気迫《きはく》にみちていた伊藤《いとう》の表情が、一瞬《いっしゅん》にしてかわいらしい満面の笑顔に変わった。

両手をあげて飛びはねる伊藤《いとう》の後ろで、石川《いしかわ》が福原《ふくはら》を強くだきしめた。

石川《いしかわ》も、福原《ふくはら》も、あふれる涙《なみだ》をもう止めようとはしなかった。

2人にとって、前回大会よりもずっと心にしみるメダルかくとくだった。

「ほんとに苦しい……苦しいオリンピックでした」

戦いを終えてはじめて、福原愛《ふくはらあい》は素直な思いを口にした。

やっと解き放たれた感情が、涙《なみだ》となって流れつづけていた。

彼女《かのじょ》にとって四度目の、そして最後のオリンピックが幕をとじた。

福原《ふくはら》のかたわらで、石川佳純《いしかわかすみ》は自分がリーダーとなる4年後に思いをはせていた。

「福原《ふくはら》さんと私はタイプはちがう。でも、自分らしく後輩《こうはい》たちを引っぱっていける存在になる。そして、金メダルをとる」

伊藤美誠《いとうみま》も、はじめてのオリンピックを終えて思った。

「私もこれから重圧がどんどん大きくなっていく。

でもそれをしっかりうけ止めよう。

いっしょに戦う仲間たちの負担を軽くしてあげるんだ」

卓球《たっきゅう》は、個人での戦いがベースとなる競技だ。

しかし、団体戦では、ふだん1人で戦っている選手たちが集まってチームワークを発揮する。

チームで過ごす時間は決して長くはない。だが、密度のこい時間のなかで、先輩《せんぱい》から後輩《こうはい》へと、姿勢と思いがうけつがれていく。

2020年東京大会では、伊藤美誠《いとうみま》、石川佳純《いしかわかすみ》、そして団体戦メンバーとして平野美宇《ひらのみう》が選ばれた。そこでくり広げられる、新しいチームの物語を楽しみにしよう。

【参考文献】

『勝利はすべて、ミッションから始まる。』村上恭和（WAVE出版）2012
『チームでつかんだ栄光のメダル――卓球 福原・石川・伊藤・水谷・丹羽・吉村』本郷陽二（汐文社）2017
『Sports Graphic Number 2016/9/9特別増刊号Rio 2016 Review 熱狂のリオ。』（文藝春秋）2016
『永久保存版 リオデジャネイロ五輪総決算号』（ベースボール・マガジン社）2016
『Sports Graphic Number Plus永久保存版 東京へと続く物語。』（文藝春秋）2016
『心にのこるオリンピック・パラリンピックの読みもの2』（学校図書）2016

第5章 「413球」の熱投

ソフトボール

上野由岐子

２００４年アテネ大会　ソフトボール／銅

２００８年北京大会　ソフトボール／金

２００８年北京大会のソフトボール決勝。

日本は、圧倒《あっとう》的な強さをほこる王者アメリカに勝利。

ついに長年の夢だった金メダルをかくとくした。

最大の立役者は、１２０キロをこえる速球で「世界最速右腕《うわん》」とよばれるエース・上野由岐子《うえのゆきこ》。

日本を世界一の座に導いた上野《うえの》は、指をひどく傷つけながらも、２日間で３試合を完投。

魂《たましい》をこめて「４１３球」も、１人で投げぬいたのだ。

これが、ラストチャンス

ソフトボールは、基本のルールや試合の進めかたが野球とほとんど同じだ。

ただ、野球とくらべるとグラウンドの広さは３分の２くらい。

使うボールも野球の硬式球より大きく、バットは細くて短めだ。

プレーにはスピード感があり、一気に得点が入りやすい。

試合はハラハラドキドキの連続だ。

オリンピックでは、女子のみの正式種目としておこなわれてきた。

１９９６年アトランタ大会から２００８年北京大会までの４大会つづけて日本は出場し、アトランタ大会で４位、シドニー大会で銀メダル、アテネ大会では銅メダルをかくとくしている。

アトランタ大会から３大会連続で金メダルをかくとくしたのはアメリカ。

その強さは圧倒《あっとう》的だった。

日本は今まで何度も、強敵アメリカとの試合に負けた。

これまでのくやしさを胸にむかえた、北京大会。

北京大会では、ソフトボールがおこなわれる最後のオリンピックとなる。

オリンピックで優勝するためには、これがラストチャンス。

アメリカに勝って、今度こそ世界一になりたい——。

日本の思いは強かった。

北京大会には、８か国が出場した。

予選リーグを戦って、成績上位の４か国が決勝トーナメントに進む。

予選リーグの結果は、勝率の高い順に、1位・アメリカ（予選リーグ7戦全勝）。

2位・日本、3位・オーストラリア、4位・カナダとなった。

ソフトボールの決勝トーナメントは、少し変わった試合形式でおこなわれる。

ふつうのトーナメント戦では、日本の高校野球のように、一度負けるとそこで敗退が決まってしまう。

だがオリンピックのソフトボールはちがう。

決勝トーナメントで一度負けてしまっても、予選の通過順位しだいでは、決勝に進むチャンスがあるのだ。

決勝トーナメント第1試合は、予選リーグ2位・日本と、1位・アメリカの対戦。

この試合で勝ったチームが決勝に進み、負けたチームは3位決定戦にまわる。

そして3位決定戦では、負けたチームが3位となり、勝ったチームが決勝へと進む。

つまり、予選リーグを1位か2位で通過したチームは、一度負けても、3位決定戦で勝てば決勝へ進むことができるのだ。

3位・4位で通過したチームよりもはるかに有利だ。

日本はこのアドバンテージを活かすことになる。

8月20日、決勝トーナメント第1試合、日本対アメリカ。

試合は、午前9時30分にはじまった。

予選リーグで日本はアメリカに負けていた。

しかも、0対7で5回コールド（大差がついたために、7回の試合終了《しゅうりょう》を待たずに5回で打ちきり）という、くやしい負け方だった。

やはりアメリカは強い。

でも、あきらめない。

勝ってリベンジしたいとのぞんでいた。

圧倒《あっとう》的な世界最速

このだいじな試合のマウンドをまかされたのは、日本のエース、上野《うえの》由岐子《ゆきこ》だ。

福岡県福岡市出身の上野《うえの》は、小学校3年生からソフトボールをはじめた。

早くから投手として活躍《かつやく》し、小学校で県大会優勝。

中学校で全国制覇《せいは》をなしとげた。

九州女子高等学校２年のときには、最年少で１９９９年世界ジュニア選手権に出場する。

エースとして優勝に貢献《こうけん》した。

そのころから投球スピードは時速１００キロを超《こ》える。

「オリエンタル・エクスプレス」とよばれたほどだった。

ソフトボールのピッチャーの投球は、下手投げに限られる。

投げかたは野球でいうアンダースローに近い。

日本のエースとなった上野《うえの》のストレートは、今や１２０キロを超《こ》えている。

世界最速と認められるほどのすごいスピードだ。

投球してからキャッチャーミットにボールが入るまで、およそ０・３秒。

そのスピードは、バッターとの距離《きょり》が短いぶん、野球では球速１６０～１７０キロにも感じられるという。

そして、上野《うえの》の持ち味は、力でおすストレートだけではない。

下からうきあがるライズボール。

反対に落ちるドロップボールなどの変化球。

そして対アメリカ用に練習を積んできたシュート。

これらを組みあわせ、バッターにあわせてねばり強く投げる。

コントロールもばつぐん。

どの球種でもほぼ同じタイミング・同じフォームで投げわけることができる。

現在、日本代表監督《かんとく》をつとめる宇津木麗華《うつぎれいか》は、

「上野《うえの》選手のすごさって、ストレートは世界一ですが、それだけではなくて、コントロールも世界一だと思います」と評している。

それでも、アメリカは強い

決勝トーナメント第1試合、先攻《せんこう》はアメリカ。

日本の上野《うえの》と、アメリカのピッチャー・アボットとの投手戦がくりひろげられた。

試合は7回まで両チーム無得点。

0ー0のまま延長戦となった。

ソフトボールには、勝敗を早く決めるために得点を入りやすくする「タイブレーカー」というルールがある。

8回からは、攻撃《こうげき》側は2塁《るい》にランナーをおいて、ノーアウト2塁《るい》の状態からプレーをはじめるのだ。

上野《うえの》は8回表をおさえたが、9回表にヒットを打たれる。

タイブレーカーの選手がホームに帰って1点を先制された。

さらにフォアボールをあたえ、ノーアウトでランナー1・2塁《るい》。

そこでスリーランホームランを打たれ、スコアは0対4となった。

9回裏、日本は1点を返すも、ここまで。

1対4で、アメリカに敗れた。


しかし、まだ優勝するチャンスは残されている。

予選リーグ3位のオーストラリアと、4位のカナダの試合で勝ったほうのチームと、3位決定戦で戦うことができる。

そこで勝てば、アメリカとの決勝戦に進めるのだ。

3位決定戦は、その日の午後におこなわれる。

午後1時すぎに選手村にもどった選手たちは、午後の試合にそなえて少しでも体を休めようと、わずかな時間、昼寝《ひるね》をして、気持ちを切りかえた。

空に高くつき上げた指

午後5時。

日本は、カナダをやぶったオーストラリアとの3位決定戦にのぞんだ。

アメリカとのはげしい戦いから、まだ4時間ほどしかたっていない。

マウンドの上野《うえの》を中心に、日本チームの全員が円陣《えんじん》を組む。

みんなで同時にユニフォームの胸の「ＪＡＰＡＮ」のマークをポンとたたく。

右手の人差し指を空に向かって高くつきあげた。

「日本を背負って世界一」を意味する、みんなで考えたポーズだ。

「オーッ！」と大きな声で気合を入れ、「絶対に世界一になる！」と、みんなで心をひとつにした。

オーストラリアの先攻《せんこう》でむかえた1回。

先制点をうばわれたが、日本は4回裏に廣《ひろ》瀬《せ》芽《めぐ》が逆転のツーランホームランを放つ。

勢いにのる日本だったが、上野《うえの》の指には異変がおきていた。

右手中指のマメがつぶれ、かたくなっていた皮ふがはがれてしまったのだ。
さらに、中指のつめも割れてきた。
投手にとって、ボールを放す指先の感覚はとてもだいじなものだ。
それがうまく使えなくなった上野《うえの》は、
「目で投げたいところを決めて、こういう軌道《きどう》を作ってそこに放る」
という感覚で投げつづけた。
5回・6回を0点でおさえる。
だが、指先はえぐれ、状態はますます悪くなっていた。
7回の最終イニング、ツーアウト。
あと1人というところで、センターごえの同点ソロホームランを打たれた。
ドロップが落ちずにストライクゾーンに入ってしまった、痛恨《つうこん》の失投だった。
午前のアメリカ戦につづいて、試合はまたもや延長戦に。
タイブレーカーのランナーをおきながら、8回・9回・10回と、おたがい無得点。
11回表にオーストラリアが1点を入れる。
相手チームも、決勝に進もうと必死だ。
だが日本も気持ちは負けていない。

その裏に１点を返して、３対３の同点とした。
そして12回裏、ワンアウト満塁《まんるい》のチャンス。
西山麗《にしやまれい》がサヨナラのヒットを放った。
12回におよぶ長い戦いのすえ、ついに日本は決勝への切符《きっぷ》をつかんだのだった。
１日２試合、延長をふくめて合計21イニング。
７イニングの３試合分を、上野《うえの》は１人で投げきった。
球数は３１８球。
手の指だけでなく、左足の股関節《こかんせつ》も痛む。
トレーナーの治療《ちりょう》をうけて、上野《うえの》が選手村にもどったのは、午前3時だった。
アメリカとの決勝戦は、もう数時間後にせまっていた。

限界なんて、とっくにきている

8月21日、決勝戦。
今大会三度目となる、日本とアメリカの対戦。

これまでアメリカの2勝。

スタンドからは、アメリカの勝利を信じて応援《おうえん》する観客がさけぶ。

「ユー・エス・エー！」とひびく大歓声《かんせい》。

両チーム0点のまま試合が進んだ3回表。

先頭打者の三科真澄《みしなますみ》が、アメリカのピッチャー・オスターマンの球を打ち返す。

レフトフェンスを直撃《ちょくげき》する2塁《るい》打だ。

三科《みしな》をバントで3塁《るい》に進めると、狩野亜由美《かりのあゆみ》のヒットでホームベースに。

アメリカに先制した日本。

続く4回表、山田恵里《やまだえり》のソロホームランで1点の追加に成功する。

2対0とリードを広げた。

だが、強打者ぞろいのアメリカだ。

4回裏、4番ブストスにソロホームランを打たれてしまう。

6回裏にはワンアウト満塁《まんるい》のピンチをむかえたが、続く2人をフライにしとめ、スリーアウトとした。

7回表、ヒットや相手のミスでワンアウト2・3塁《るい》。

バッターは藤本索子《ふじもともとこ》。

これまでのアメリカとの試合で三振がおおく、不調だった藤本《ふじもと》。
だが、斎藤《さいとう》春《はる》香《か》監督《かんとく》が出したサインは「ヒットエンドラン」。
もう1点をとるための作戦だ。

自分を信じて、思いきり振れ！

藤本《ふじもと》がバットをふる直前。
3塁《るい》ランナーの廣瀬《ひろせ》がホームに向かって勢いよく走りだす。
藤本《ふじもと》が必ずヒットを打つと信じて。
藤本《ふじもと》は、必死にボールをバットに当てた直後にしりもちをついた。
その執念《しゅうねん》の打球はピッチャー前に転がる。
あわててキャッチャーに投げるが間に合わずセーフ。
貴重な追加点で、3対1とリードを広げた。
7回裏の最終イニング。
アメリカは王者の意地を見せた。

先頭打者のヒットで、ノーアウト１塁《るい》。

次の打者は、３塁《るい》側のフェンスぎりぎりにファウルを打ち上げた。

ショートの西山《にしやま》はあきらめずにボールを追う。

フェンスにぶつかりそうになりながらもナイスキャッチ。

続くバッターが放った痛烈なライナーを、３塁《るい》の廣瀬《ひろせ》が飛びついてキャッチした。

上野《うえの》を助けるためにも、絶対に点を取らせない。

日本の守備陣《しゅびじん》のうまさが、ここぞという場面で発揮され、ファインプレーがつづいた。

ツーアウト、あと１人……金メダルは、もう目の前だ。

だが、前日のオーストラリア戦で、あと１人と思って投げたボールを打たれた。

苦い記憶《きおく》が上野《うえの》によみがえる。

ここは気をぬかず、だが力まずに投げなければならない。

じまんの速球にかえて、変化球を使いこなした投球で、アメリカの強力打線を封《ふう》じてきた。

だが、２日間・３試合の連投で、球数は４１２。

痛む指は、もう限界をこえている。

最高で最後の舞台《ぶたい》
悲願の金メダル

413球目。

上野《うえの》のキレのよいシュートが美しい軌跡《きせき》をえがく。

2番バッターのロウはバットに当てるだけでせいいっぱいだった。

それでも1塁《るい》に向かって全力で走る。

サードの廣瀬《ひろせ》がゴロをとった。

緊張《きんちょう》のあまり、手首がかたまっていたが、ボールはファーストへ。

ファーストの佐藤理恵《さとうりえ》は、ワンバウンドになりそうな送球を、体を目いっぱいのばしてキャッチした。

塁審《るいしん》の「アウト!」の声。

日本の優勝が決まった瞬間《しゅんかん》だ。

勝った。

ついに、アメリカに勝ったのだ。

守備についていた全員、そしてベンチのチームメイトたちも飛びだして、上野《うえの》のもとにかけよった。

藤本《ふじもと》は、ケガのために出場がかなわなかった内藤恵美《ないとうえみ》のユニフォームといっしょだ。

15人の仲間とだきあって喜ぶみんなの目に、大つぶの涙《なみだ》が光る。

そして右手の人差し指を高くつきあげて「世界一」のポーズを作った。

めざしていた「日本を背負って世界一」が、とうとう現実のものとなったのだ。

ソフトボールの勝敗は、６〜７割が投手の力量で決まると言われている。

もちろん、エース・上野《うえの》の貢献《こうけん》度は大きい。

だが、その上野《うえの》は語っている。

「私が打たれても、必ずみんなが点を取ってくれるのはわかっていた」と。

キャッチャーの乾絵美《いぬいえみ》が、上野《うえの》を肩車《かたぐるま》する。

指が痛んでも弱音をはかず、いつも冷静で表情を変えない上野《うえの》が、満面の笑顔だ。

乾《いぬい》の肩《かた》の上で、上野《うえの》がのばした指の先。

そこには、シドニー、アテネの２大会で監督《かんとく》をつとめ、テレビの解説を担当していた宇津木妙子《うつぎたえこ》がいた。

彼女《かのじょ》もまた、教え子たちの快挙に号泣していた。

「２０１６」が意味するもの

ソフトボールは、この北京大会でオリンピックからはずされる。

２０１２年のロンドン大会ではおこなわれない。

そこで選手たちは２０１６年に開催《かいさい》されるオリンピックでソフトボールが復活できるよう、アピールする行動に出た。

メダルの授与《じゅよ》、そして記念撮影《さつえい》のあと。

銀メダルのアメリカチームがよびかける。

金メダルの日本、銅メダルのオーストラリアの選手たちがあつまる。

そして、グラウンドにボールを並べた。

「２０１６」の形。

３か国の選手たちは、「バック、ソフトボール（ソフトボールを、オリンピックにもどそう）！」と、みな大きな声をはりあげた。

ソフトボールを愛する気持ちに、国境はない。
敵も味方も、思いはひとつだ。
もちろん上野《うえの》も、その輪の中にいた。

上野《うえの》由岐子《ゆきこ》の挑戦《ちょうせん》

その後も上野《うえの》は、ソフトボール界の代表として活躍《かつやく》する。
日本リーグでのプレーだけではない。
ソフトボールのオリンピックでの復活に向けてアピール活動を行ったのだ。
「ソフトボールにとって、オリンピックは最高の舞台《ぶたい》。子どもたちの夢のために」
その思いが強かった。
そして、その努力と願いは実った。
２０２０年東京大会。
ソフトボールは野球とともに、追加種目としておこなわれることになったのだ。
上野《うえの》は、現在、ピッチングコーチ兼《けん》投手として日本リーグで活躍《かつやく》しつづけている。

日本で開催《かいさい》されるオリンピックの舞台《ぶたい》。
ふたたび全力でプレーすることをめざしている。
胸には、「世界一」のほこりがある。
北京大会から12年越《ご》しとなる、日本の連覇《れんぱ》に向けて。

【参考文献】

『オリンピック　ヒーローたちの物語』大野益弘（ポプラ社）2012
『心にのこるオリンピック・パラリンピックの読みもの　2』（学校図書）2016
『ソフトボール日本代表が金メダルを獲った理由』吉井妙子（ぴあ）2009

第6章

「鬼」監督の猛練習

1964年東京大会　バレーボール女子／金

バレーボール

東洋の魔女

今から半世紀以上前。

日本がおおいに盛り上がった東京オリンピック。

そのなかで、ひときわ注目を集めたのが、女子バレーボールだ。

背が高く、体格差で圧倒《あっとう》する海外の選手陣《せんしゅじん》。

彼女《かのじょ》たちが、するどく強い猛烈《もうれつ》なスパイクを打ちこむ。

だが、日本の選手たちはくるっと回転し、レシーブしつづけるのだ。

なかなか得点が決まらない。

日本代表チームは「東洋の魔女《まじょ》」とよばれて、対戦相手におそれられていた。

金メダルをかけた、ソ連（ソビエト連邦／現在のロシア）との決勝戦。

勝負のゆくえを見守っていたのは、試合会場にいた約３０００人の観衆だけではない。

視《し》聴《ちょう》率は66・８パーセント。

ほとんどの日本国民がテレビの前で試合に見入り、熱い声援《せいえん》をおくっていた。

バレーボールがオリンピック正式競技となったはじめての大会で、初代チャンピオンとなった日本。

しかも、自国開催《かいさい》のオリンピックで優勝するという、このうえない劇的な勝利に、日本じゅうがわきかえった。

国民の期待にこたえて、みごとに金メダルをかくとくした「魔女《まじょ》」たち。

その「魔女《まじょ》」を指導し、世界一へと導いたのは、深夜におよぶ猛《もう》練習で「鬼《おに》」とよばれた監督《かんとく》だった。

東洋の魔女《まじょ》は、強すぎる

閉会式の前日、10月23日。

駒沢《こまざわ》オリンピック公園総合運動場屋内球技場は、熱気に包まれていた。

女子バレーボール決勝戦、日本対ソ連。

ここまでソ連は、参加チームのなかでただ1か国、1セットも落としていない。

すべて4戦無敗の絶好調で、決勝に勝ちあがってきた。

一方、日本は初戦でアメリカに完勝すると、つづいてルーマニア、韓国《かんこく》、ポーランドと世界の強豪《きょうごう》を次々と撃破《げきは》し、快調に勝ち進んできた。

午後7時37分、金メダルをかけた大一番の開始を告げるホイッスルが鳴る。

日本じゅうの期待と注目を集めた熱戦は、ソ連のサーブからはじまった。

日本は、ソ連のくりだす強烈《きょうれつ》なスパイクを得意技の回転レシーブで防ぐ。

何度もピンチを救った。

そして第1セットを15対11、第2セットを15対8とつづけてとる。

3セット先取したチームが勝ちとなる。

あと1セット取れば日本が金メダルだ。

圧倒《あっとう》的に強い。

宿敵・ソ連を追いつめた。

日本の勝利を確信した観客の期待がいっそう高まる。

第3セットがはじまった。

会場の熱い応援《おうえん》からパワーをもらい、第3セットも日本は順調に得点を重ねて、リードを広げていく。

松村《まつむら》好《よし》子《こ》のスパイクが決まり、14対9——。

いよいよ、あと1点で勝てるというマッチポイント。

ついにソ連をがけっぷちに追いこんだ。

テレビのアナウンサーも、「金メダルポイントです！」と、実況《じっきょう》に熱をこめる。

はげしいソ連の反撃《はんげき》

しかし金メダルは、そう簡単には手に入らない。
ソ連が意地を見せ、はげしい反撃《はんげき》がはじまった。
日本に最後の1点をゆるさず、長身の選手がスパイクを決める。
じわじわと追いあげ、ロシチナのサービスエースで、ついに14対13。
この勢いでソ連が逆転するのか。
はたまた、日本がなんとか1点をもぎとって勝利するのか……。
日本じゅうのひとびとが、手に汗《あせ》をにぎり、体をテレビにぐっと乗りだす。
国のプライドをかけた真剣《しんけん》勝負を見守っていた。
「今度こそ、決めてくれ！」
息づまるようなラリーが続く。
日本のマッチポイントは六度におよぶ大接戦。

緊張感《きんちょう》がただようなか、意外な形で戦いの決着がついた。
サウスポーの宮本《みやもと》恵美子《えみこ》のサーブをレシーブしたボールが、ネットぎわに上がる。
そこで、ソ連の選手のオーバーネット――思わずのばした手がネットをこえた。
日本のコートに落ちようとしていたボールにふれる反則を取られたのだ。
主審《しゅしん》が手を上げて、日本の得点を示す。
電光掲示板《でんこうけいじばん》の日本の得点が「14」から「15」へパッと変わる。
ホイッスルが鳴りひびいた。
1時間25分の激闘《げきとう》を制し、日本に金メダルがもたらされた瞬間《しゅんかん》だ。
強敵のソ連に、3－0のストレート勝ち。
悲鳴のような大歓声《かんせい》と、嵐《あらし》のような拍手《はくしゅ》がわきおこる。
コートのまん中では、苦楽をともにしてきた日本チームの選手たちが肩《かた》を寄せた。
ひとかたまりになってだきあいながら泣いていた。
ベンチの選手も、飛びだしていく。
みんなの心は、安心感に満ちていた。
「絶対に金メダル」という、全国民からの大きすぎる期待にこたえられたのだから。
あんなにきびしい練習に耐《た》えたのだから、負けるはずがない――。

東洋の魔女

「鬼《おに》」とよばれた監督《かんとく》による、常識では考えられないような、すさまじい練習の日々。

それが、彼女《かのじょ》たちの強さを生み、心のささえとなっていた。

世界一になるには、
世界一の努力

東京大会のバレーボール女子日本代表チームのメンバーは、ほとんど（12人中10人）が、日紡貝塚《にちぼうかいづか》（のちにユニチカに改称《かいしょう》）という繊維《せんい》会社の社員だった。

当時、日本で一番強い女子バレーボールのチームだった日紡貝塚《にちぼうかいづか》。

そこには、「鬼《おに》の大松《だいまつ》」とよばれる、とてもきびしい大松《だいまつ》博文《ひろぶみ》監督《かんとく》がいた。

「世界一になるには、世界一の努力」

それが、大松《だいまつ》監督《かんとく》の考えだ。

世界一のチームをつくるため、あえて心を鬼《おに》にした。

毎日の練習は、会社でふだんの仕事を午後3時に終えてからはじまる。

人並み以上に練習しなければ、世界一にはなれない。

夕方4時から真夜中の午前2時、ときには明け方まで続くこともあった。

選手たちは1日10時間にのぼるハードな練習を終えて寄宿舎に帰る。

そして、朝8時半に出勤する。

現在ではとても考えられない過酷《かこく》な日々を送っていた。

鬼《おに》コーチの戦略

ヨーロッパやアメリカの選手にくらべて小柄《こがら》な日本の選手が、世界の強豪《きょうごう》を相手にどうすれば勝つことができるのか、大松監督《だいまつかんとく》は考えた。

バレーボールは、ボールがコート内に落ちたり、ボールをコートの外にはじいたりしたら、相手の得点になる。

また、当時はサーブ権を持つチームがラリーに勝った場合のみ点が入るサイドアウト制だったので、サーブ権が相手にうつることになる。

ボールをつないでラリーをつづけるためには、相手の強いスパイクをすべてレシーブし、すばやく次の攻撃《こうげき》にうつるテクニックが必要だ。

「守備は最大の攻撃《こうげき》なり」

東洋の魔女

大松監督《だいまつかんとく》は守備を徹底《てってい》し、レシーブを強化する方針をかためた。

監督《かんとく》がコートの右へ左へと打ちこむボールを、選手たちは必死に追いかけた。

１人３００回、４００回は当たり前。

手も足もすり傷だらけになり、血と汗《あせ》でどろどろになる。

つかれて立ちあがれなくなった選手には、ようしゃなくバケツの水をかけた。

「鬼《おに》」とよばれる監督《かんとく》は、選手たちを徹底《てってい》的にきたえたのだった。

想像を絶するスパルタ指導。

会社からは「あんなひどい練習はやめさせるべきだ」という声もあがった。

しかし、ただきびしいだけではない。

そこには、監督《かんとく》と選手との強い信頼《しんらい》関係があった。

選手たちは、休むことなく全員を相手にする監督《かんとく》のほうが、自分たちよりきついことを知っていた。

父のような、また兄のような大松監督《だいまつかんとく》を「先生」とよんでしたった。

監督《かんとく》の「おれについてこい！」という言葉は流行語にもなった。

「先生を信じ、ついていって世界一になろう！」

みんなは心をひとつにして、毎日のきびしい練習に取り組んだ。

その練習から生まれたのが、日本の必殺技とも言うべき「回転レシーブ」だ。

はなれたところに落ちてくるボールに飛びつき、体を投げだしてうける。

肩から前にたおれながらレシーブし、くるっと一回転して立ちあがる。

すると、体勢がととのい、すばやく次のプレーにうつることができるのだ。

ヒントになったのは、柔道《じゅうどう》の回転うけ身や、指でたおしてもすぐに起きあがる「起きあがりこぼし」というオモチャだ。

かたいゆかに転がって体を打ちつける強い衝撃《しょうげき》。

選手は、最初は座布団やマフラー、タオルなどをまきつけて練習した。

それでも、体じゅう青あざだらけになった。

「もっと速く！」「まだおそい！」

監督《かんとく》が檄《げき》を飛ばす。

レシーブして回転し立ちあがる動作がおそいと、選手の顔をめがけてボールを打ちつけた。

そして選手たちは、文字どおり血のにじむ努力を重ね、1年ほどかけて、回転レシーブを完成させたのだ。

東洋の魔女

まるで、悪夢

どんなにスパイクを打っても打っても、日本の選手はくるりと体を回転させながら、ねばり強く何度も何度もボールを拾いつづける。

また、相手の手元で微妙《びみょう》にゆれる「木の葉落とし」とよばれる変化球サーブを武器に、立ち向かってくる。

まるで、われわれを苦しめる魔法《まほう》のよう……。

相手にとっては、悪夢のようだ。

そしてつけられた名前が、「東洋の魔女《まじょ》」だ。

１９６１年のヨーロッパ遠征《えんせい》で22連勝をあげた日紡貝塚《にちぼうかいづか》チームは、翌１９６２年の世界選手権で、はじめて世界の頂点に立った。

当時、世界選手権を3連覇《れんぱ》中だった王者・ソ連を破って優勝したのだ。

そしてソ連のメディアが、日本チームへのおそれをこめて、「東洋の魔女《まじょ》」と名づけたのだった。

世界大会で、日本の団体球技チームが優勝したのは、はじめてのこと。

この快挙は、日本国内でも大きなニュースとなった。

東洋の魔女《まじょ》なら、金メダルもとれる

きびしくつらい練習の末、ついにつかんだ世界一の座。

ソ連を破って優勝するという目標を達成した選手たちは、これで華々《はなばな》しく引退しようと決めていた。

だが、2年後に開催《かいさい》される東京オリンピック。

男女ともバレーボールが正式競技として実施《じっし》されると決まった。

これが、日本のスポーツ会の運命を大きく変えることとなる。

「世界一になった女子バレーなら、きっと金メダルを取れるはず」

「あと2年、がんばってください」

世界王者のソ連を破った彼女《かのじょ》たちの大活躍《かつやく》に、オリンピックでの金メダルを期待す

東洋の魔女

る声が高まった。

国民の期待にこたえるため、バレーをつづけるべきか、選手たちはなやんだ。

数年間の猛《もう》練習で、もう心も体もくたくたで燃えつきた。

セッターをつとめるキャプテン、最年長の河西昌枝《かさいまさえ》は、２年後には31歳《さい》となる。

主力選手も体力のピークを過ぎてしまう。

最強のライバル・ソ連は王座奪回《だっかい》に向けてますますパワーアップしてくるにちがいない。

今まで以上にきびしくなる練習に、はたして耐《た》えられるだろうか。

全員が不安になった。

そしてなやみは、もうひとつ。結婚《けっこん》の問題だ。

当時の女性の平均結婚年齢《けっこんねんれい》は、24・４歳《さい》。

選手たちは身も心も、青春のすべてをバレーボールにささげて、がんばってきた。

女性は結婚《けっこん》して家庭に入り、主婦になるのが当たり前の時代。

それがもっとも幸せな人生だとおおくの人が思っていた。

鬼《おに》の大松監督《だいまつかんとく》でさえも、「選手たちを、もう結婚《けっこん》させてあげたい」となやむ。

オリンピックをめざすかどうかの判断は、選手にゆだねられた。

お前らがやるなら、
ワシもやる

みんなで話し合いを重ね、キャプテンの河西《かさい》が口にした。

「あと2年、みんなでがんばったら、やれるんじゃないの？」

長年、ひとつのボールをいっしょに追いかけたチームメイト。

次にボールがどこに上がるかわかるくらい、心がしっかりと通じあっている。

そんな仲間で考えぬいて出した答え。

「私たち、やります！」

それを聞いた監督《かんとく》も、腹をくくった。

「お前らがやるなら、ワシもやる」

こうして、日本の期待を一身に背負い、2年後の東京オリンピックで金メダルをとることが、最後にして最大の目標となったのだ。

日本でおこなわれるオリンピックで、負けるわけにはいかない。

練習時間はさらに増えた。

東洋の魔女

たとえケガをしても熱をだしても、選手たちは休まない。

はげしい練習にひたすらはげんだ。

「そんなことでは、ソ連に勝てないぞ！」

鬼監督《おにかんとく》のきびしい声がひびく。

選手たちは、傷だらけだ。

平成や令和の基準で考えたら、たしかにやりすぎな感がある。

だが昭和の時代には、高い目標を達成するための猛《もう》練習や、根性論が美徳とされていたのだ。

そして、いよいよむかえた東京オリンピック。

選手たちは、世界一の練習量で得た成果を存分に発揮した。

決勝戦で最強のライバル・ソ連と対戦し、堂々と金メダルをかくとくした。

選手たちの汗《あせ》と涙《なみだ》の努力の日々は、日本じゅうに大きな感動をよんだ勝利で、むくわれたのだった。

金メダルをとらなければという重圧。

あの過酷《かこく》な練習の日々。

やっと解放されて晴れやかな表情となった選手たちは、大松《だいまつ》監督《かんとく》を胴上《どうあ》げした。

道をひたすらに進め！

「鬼《おに》」とよばれた監督《かんとく》は表彰式《ひょうしょうしき》で、かがやく金メダルを首にかけた12人の選手たちを見つめながら、こぶしで目をぬぐった。

「選手は金メダルを取らねばならなかったし、『日の丸』はまん中に上がらなければならなかった。日本の全国民の期待でした。期待にはこたえねばなりません。それでは、期待にこたえる方法をだれか知っていたでしょうか。私は知っていました。こうすれば勝てるのだ、と知っている道をひたすらに進むほかはありません」

のちに、そう記した。

オリンピックの翌年、現役を引退し、結婚《けっこん》を決めた選手たちは、次々と退社していった。

「バレーボールをはなれたら、女としての幸せをつかんでほしい。みんな、幸せな家庭をつくってくれ」

監督《かんとく》は、心から選手たちの幸せを願った。

そこにはもう、「鬼《おに》」や「魔女《まじょ》」の姿はなかった。

競技をはなれた元・選手たちは、やがて「ママさんバレー」の全国的な普及《ふきゅう》にかかわることになる。そしてバレーボールは、おおくの日本人に親しまれ、気軽に楽しめるスポーツとなっていったのだ。

その役割をはたした「東洋の魔女《まじょ》」は、日本がほこる、真の金メダリストだ。

【参考文献】

『決定版　夢をそだてるスポーツ感動名場面１０１』（講談社）２００８
『東京オリンピック１９６４』（新潮社）２００９
『オリンピック　ヒーローたちの物語』大野益弘（ポプラ社）２０１２
『「東洋の魔女」論』新雅史（イースト・プレス）２０１３
『完全保存版！１９６４年東京オリンピック全記録』（宝島社）２０１４
『心にのこるオリンピック・パラリンピックの読みもの　１』（学校図書）２０１６

第7章

世界の頂点で笑顔の花を

サッカー

なでしこジャパン

１９９６年アトランタ大会　サッカー女子／グループリーグ敗退
２００４年アテネ大会　サッカー女子／ベスト８
２００８年北京大会　サッカー女子／４位
２０１２年ロンドン大会　サッカー女子／銀

日本では少し前まで、女子サッカーはマイナーなスポーツだった。

「サッカーは男子のスポーツ」という考えが根強かったのだ。

だが、しだいに選手のレベルがアップ。

海外のチームでプレーする選手も増えた。

オリンピックや国際大会での活躍《かつやく》でも目立つようになった。

２０１１年のＦＩＦＡ（国際サッカー連盟）女子ワールドカップ・ドイツ大会。

日本は、欧米《おうべい》の強豪《きょうごう》チームとの熱い戦いを制して初優勝をはたす。

この年は東日本大震災《しんさい》の年でもある。

深い悲しみにしずんでいた日本に、勇気と希望をあたえてくれた。

そして、女子サッカー日本代表チームの愛称《あいしょう》「なでしこジャパン」は、だれもが知ることとなった。

アメリカには勝てないよ

２０１１年６月、ＦＩＦＡ女子ワールドカップがドイツで開催《かいさい》された。

なでしこジャパン

日本はグループリーグで、イングランドに敗れた。

だがニュージーランドとメキシコに勝利。

2位で決勝トーナメント進出を決めた。

開催《かいさい》国ドイツとの準々決勝では、延長戦の末、1－0で勝利。

準決勝ではスウェーデンに3－1で勝ち、初の決勝進出をはたした。


7月17日。

決勝戦の相手はアメリカだ。

世界ランク1位のアメリカに対し、これまで日本は24戦して0勝21敗3分け。

一度も勝ったことがない。

日本はよくがんばったが、アメリカに勝つのはさすがに難しいだろう……。

おおくのひとびとは、そう考えた。

だが、なでしこジャパンのメンバーたちは、もちろん勝つ気だ。

ワールドカップという最高の舞台《ぶたい》で、最強の相手と戦える幸せを楽しもうと、みな笑顔で試合にのぞんだ。

　いよいよキックオフ。

アメリカは早く得点して勝利を決めようと、立ち上がりから猛攻《もうこう》をしかけてくる。

エースストライカーのワンバックらが立てつづけにシュート。

攻《せ》めつづけられる苦しい展開だったが、前半は無失点で乗りきった。

日本チームの強みは、すばやいパスサッカーだ。

欧米《おうべい》の選手たちとくらべて小柄《こがら》な日本のチーム。

有利に試合を運ぶためには、正確で細かいパスをつなぐ技術で、体格のまさる相手のプレッシャーをかわすことが重要なのだ。

組織力、すなわち選手の結束力の強さが、それを可能にしていた。


あきらめるな、行こう！


後半24分、先制したのはアメリカだった。

俊足《しゅんそく》のモーガンが速攻《そっこう》でディフェンダー陣《じん》を破って得点すると、日本は動揺《どうよう》する。

やはりアメリカには勝てないのか……。

そのとき、キャプテンの澤《さわ》穂希《ほまれ》が、まわりの選手たちに声をかけた。

「あきらめるな、行こう！」

日本女子サッカー界のエース・澤《さわ》は、スピーディーなプレーとすぐれた判断力の持ち主だ。

「苦しい時は、私の背中を見て」

試合前にはそう言って、選手の精神的なささえとなり、チームをまとめ、引っぱりつづけてきた。

だいじょうぶ、まだやれる！

選手たちは、意気をふるいたたせた。

まずは同点に追いつこうと、何度もチャンスを作りだす。

1点が入ったことで動きがにぶくなったアメリカに対して、日本はつかれをものともせず走りつづけた。

そして後半36分、相手のクリアミスを宮間《みやま》あやが落ち着いて左足で流しこむ。

執念《しゅうねん》のゴール。同点となった。

1－1のまま90分で勝負がつかず、15分ハーフの延長戦へ。

攻《せ》めるアメリカと守る日本の攻防《こうぼう》がつづいた。

だが、延長前半14分、澤《さわ》のクリアミスから、ワンバックのヘディングが決まる。

スコアは2－1。

アメリカにリードを許したままの延長後半。

日本はコーナーキックのチャンスを得た。

わずかな時間で決めた作戦は、「ニアに行こう」。

コーナーにボールをセットした宮間《みやま》がニア（近い側）に低く蹴《け》りあげ、それに澤《さわ》が飛びこむのだ。

その作戦どおり、宮間《みやま》のキックにあわせて後方から飛びだした澤《さわ》。

ニアサイドでジャンプし、右足をめいっぱいのばす。

アウトサイドでふれたボールは、アメリカのゴールネットをゆらした。

自分のミスからの失点をみごとに取りかえした。

チームメイトたちが駆《か》けより、スタジアムからは地鳴りのように大きな歓声《かんせい》がわきおこる。

これで2－2の同点だ。

延長後半12分、あと3分でつかめたはずのアメリカの勝利。

アメリカの選手たちは、こんなはずじゃなかったと立ちつくす。

勝敗のゆくえはＰＫ（ペナルティキック）戦に持ちこまれた。

チームの笑顔が勝利をもたらす

ＰＫの順番を決めるとき、エースの澤《さわ》が言った。

「苦手だから蹴《け》りたくない」

もちろん、チームのみんながキックを決めてくれるという信頼《しんらい》あってこそだ。

佐々木《ささき》則夫《のりお》監督《かんとく》は笑って、

「さっきお仕事してくれたからいいよ」

と10番目に回した。

円陣《えんじん》を組み、笑顔で選手を送りだす。

チームのムードは、なごやかだ。

一方のアメリカは、勝たなければいけないというプレッシャーで固くなっているのが明らかだった。

ゴールキーパー・海堀《かいほり》あゆみは気合を入れた。

これが、最後の勝負。

アメリカの1人目のシュートを右足ではじく。

3人目のシュートも止める好セーブを連発。

4人目のワンバックにはシュートを成功されてしまう。

だが、次に日本が決めれば勝利が決まる。

4番目のキッカー・20歳《さい》の熊谷紗希《くまがいさき》は深呼吸して夜空を見あげた。

名ゴールキーパーのソロに、ねらいを読まれたくない。

そして放ったシュートは、ゴールの左上につきささる。

サッカー女子日本代表「なでしこジャパン」がワールドカップ初優勝をなしとげ、世界一にかがやいた瞬間《しゅんかん》だった。

表彰《ひょうしょう》式では、金色の紙ふぶきがシャワーのようにふりそそぐ。

澤《さわ》がほこらしげに光りかがやく優勝トロフィーを高々とかかげた。

チームはフェアプレー賞を、澤《さわ》は大会最優秀《ゆうしゅう》選手賞と大会得点王を受賞した。

この年の3月11日、日本は東日本大震災《しんさい》に見まわれていた。

なでしこジャパンの、けっして勝利をあきらめないひたむきさ。

それがおおくのひとびとの心を打ち、復興への希望の灯をともした。

試合後には、震災《しんさい》に対する世界中からの支援《しえん》に感謝するメッセージを書いた横断幕をかかげて、会場から大きな拍手《はくしゅ》をうけた。

そして、オリンピックへ

女子サッカーがオリンピックの正式種目となったのは、１９９６年アトランタ大会からだ。

女子はワールドカップと同じくＡ代表（年齢《ねんれい》制限のないベストメンバーによる代表）でのぞむ。

開催《かいさい》国と、前年の世界選手権上位の計８か国しか参加できない狭《せま》き門。

日本はなんとかアトランタ大会の出場権を得た。

だが、ドイツ、ブラジル、ノルウェーに敗れてグループリーグ敗退。

世界の壁《かべ》の高さにくっした。

そして次のシドニー大会では、出場権をのがす。

日本国内での女子サッカーへの関心は、一気に低下してしまった。

アテネ大会以降、参加資格を得るのは、各地区の予選を突破《とっぱ》したチーム。

アテネ大会は10チーム、北京大会以降は12チームとなる。

日本はアジア枠《わく》「２」を決める大会に勝利。

２大会ぶり二度目のオリンピック出場を決めた。

オリンピック本大会前の２００４年７月には、女子サッカー日本代表チームの愛称《あいしょう》が「なでしこジャパン」に決まったと報道された。

由来は、日本女性の美しさをたたえる言葉「大和撫子《やまとなでしこ》」。

その大和撫子《やまとなでしこ》が「世界に羽ばたき、世界に通用するように」との願いをこめて名づけられたのだ。

愛称《あいしょう》によって日本女子代表の認知度を高め、女子サッカーの発展につなげたいという日本サッカー協会（ＪＦＡ）の思いもあった。

２００４年アテネ大会では、グループステージの初戦でスウェーデンに、１－０で勝ち、オリンピックでの記念すべき初勝利をおさめた。

決勝トーナメント進出をはたしたものの、準々決勝で対戦したアメリカに１－２で敗れ、ベスト８に終わった。

しかし、アテネ大会での活躍《かつやく》によって女子サッカー「なでしこジャパン」は広く認知され、注目を集めるようになる。

国内トップリーグの「日本女子サッカーリーグ（L・リーグ）」は、「なでしこリーグ」とよび名を変えた。

高い世界の壁《かべ》

２００７年12月からは、コーチを務めていた佐《さ》々《さ》木《き》則《のり》夫《お》が監督《かんとく》に就任した。

つづく２００８年北京大会の出場権もかくとく。

北京大会では、グループリーグ初戦でニュージーランドと引き分け。

アメリカに敗北したが、ノルウェーに勝利。

２大会連続でグループリーグを突破《とっぱ》した。

準々決勝では、開催《かいさい》国の中国を相手に２－０で勝利し、はじめてオリンピックでベスト４進出をはたした。

だがここでも、強敵アメリカが立ちはだかる。

準決勝でアメリカに２－４で敗れ、３位決定戦にまわった。

そしてドイツに０－２で敗れて４位に終わり、メダルには届かなかった。
「４か国のなかで、私たちだけがメダルを持って帰れなかった。
それがとにかくくやしかった」
と、近賀《きんが》ゆかりは話した。
次こそ、メダルを！――それが、なでしこジャパンの目標となった。
そして２０１１年、ＦＩＦＡ女子ワールドカップ・ドイツ大会。
ここでなでしこジャパンはついに優勝する。
オリンピックでのメダルかくとくが、いよいよ現実味を帯びてきた。

メダルの色は、金か銀か

ワールドカップでの優勝がまだ記憶《きおく》に新しい、２０１２年ロンドン大会。
なでしこジャパンはグループリーグ初戦でカナダに２－１で勝利した。
すべりだしは順調だ。
続くスウェーデンと南アフリカには０－０で引き分けとなる。

だが、1勝2分けの2位でグループリーグを突破《とっぱ》した。

準々決勝はブラジルを2－0で破り、準決勝ではフランスに2－1で競り勝つ。

初の決勝進出をはたし、この時点でメダルは確定した。

メダルの色は、金か銀か――。

そのかぎをにぎる決勝の対戦相手は、またもアメリカだった。

前年のワールドカップで日本に敗北したアメリカは、日本につづけては負けられないと必死の覚悟《かくご》だ。

決勝戦がおこなわれたのは、ウェンブリー・スタジアム。

サッカー発祥《はっしょう》の地・イングランド最大のサッカー競技場で、「サッカーの聖地」ともよばれている。

8万人をこえる観客が見つめるなか、試合開始のホイッスルが鳴った。

手をつないで表彰《ひょうしょう》台へ

前半にアメリカのロイドが先制し、後半にも追加点を入れる。

後半18分、大儀見《おおぎみ》（旧姓《きゅうせい》・永里《ながさと》）優季《ゆうき》がおしこむ。
1点を返し、望みをつないだ。
ボール支配率ではアメリカを上回っている。
だが、得点にはいたらない。
無情にも、試合終了《しゅうりょう》のホイッスルが鳴った。
1－2でアメリカはリベンジをはたし歓喜《かんき》にわく。
一方、うなだれてくやし涙《なみだ》を流すなでしこたち。

なでしこたちは、静かにピッチを去った。
試合に負けたことはもちろんくやしい。
だが、アメリカとごかくに戦ったことはほこりだ。
ロッカールームでそう気持ちを立てなおした。
表彰《ひょうしょう》式にのぞむ姿に、ほがらかな笑いが生まれる。
前の選手の肩《かた》に両手をのせて、おどけながら登場したのだ。
全員で手をつないで笑顔で表彰《ひょうしょう》台へと向かった。
つづいて入場したアメリカ、カナダの選手たち。

彼女《かのじょ》たちも、なでしこたちをまねて全員が手をつないでいた。

銀メダルは、日本サッカー史上、最高の記録だ。

表彰《ひょうしょう》台に上がったなでしこたち。

全員でつないだ手を高くあげてバンザイをした。

観客からも、おしみない拍手《はくしゅ》が送られた。

宿敵アメリカとの再戦

３年後の２０１５年６月。

カナダで開催《かいさい》されたＦＩＦＡ女子ワールドカップでは、グループリーグ３戦全勝で決勝トーナメントへ。

負ければ終わりのノックアウトステージ（決勝トーナメント）１回戦でオランダに、準々決勝でオーストラリアに勝利してベスト４に進出。

準決勝ではイングランドを破って決勝へとこまを進めた。

宿敵アメリカとの決勝戦。

日本に勝つため徹底《てってい》した準備をもってのぞんだアメリカに、前半16分までに0ー4と大量リードを許す苦しい展開となった。

なでしこジャパンも意地を見せ、川澄奈穂美《かわすみなほみ》のクロスを大儀見《おおぎみ》が反転シュートし、1点を返す。

後半、澤《さわ》のバックヘッドがオウンゴールをさそって2点差までつめよった。

しかし2分後に追加点を入れられる。

２ー５で完敗した日本は、準優勝で大会を終えた。

澤《さわ》穂《ほ》希《まれ》の引退のあと

２０１５年12月。

長く「なでしこの象徴《しょうちょう》」として活躍《かつやく》してきたエースの澤《さわ》が、現役を引退した。

なでしこジャパンのメンバーは、常に決まっているわけではない。

ベテランが若手を引っぱり、新しい選手が加わることで世代交代が進んでいく。

なでしこジャパンは、２０１６年リオ大会に向けたアジア最終予選で3位に留まり、2位以内にあたえられる出場権を得られなかった。

2016年4月、佐々木《ささき》監督《かんとく》の後任として、U-20サッカー日本女子代表監督《かんとく》をつとめていた高倉麻子《たかくらあさこ》が就任した。

日本のA代表では、男女通じて初の女性監督《かんとく》だ。

高倉《たかくら》は中学3年で日本代表に選ばれ、L・リーグで活躍《かつやく》した。

アトランタ大会に出場した経験もある。

まだ練習環境《かんきょう》などが整っていない時期から、女子サッカーの最前線にいた。

2019年6月、FIFA女子ワールドカップ・フランス大会。

はじめてワールドカップに出場する選手が17人。

若手中心のチーム編成でのぞむことになる。

なでしこジャパンはグループステージを1勝1敗1分けで2位通過。

ノックアウトステージ・ラウンド16（決勝トーナメント1回戦）で、オランダに1-2でおしくも敗れ、ベスト16で大会をあとにした。

各国の女子サッカーのレベルが上がり、急成長をとげている。

だがそれ以上に、さまざまな課題が残った。

かがやく「星」を胸に
勇敢《ゆうかん》に立ち向かう

なでしこジャパン代表ユニフォームの左胸エンブレム。

その上に★（星マーク）がある。

２０１１年ドイツ大会での優勝によって、ワールドカップ優勝回数を示す★をつけ加える栄誉《えいよ》も得たのだ。

かがやくひとつの星を胸にした選手たち。

さらなる成長を星に誓《ちか》う。

「先輩《せんぱい》たちが世界一になった歴史を、ただ歴史にするだけでなく、つなげていかなければならない。世界一に返り咲《ざ》けるよう、また最初から努力したい」

と、籾木結花《もみきゆうか》は覚悟《かくご》の言葉を述べた。

なでしこの花言葉は、「勇敢《ゆうかん》」だ。

どんなに強い相手を前にしてもあきらめることなく勇敢《ゆうかん》に立ち向かい、日本女子サッカーの歴史を切りひらいてきた、なでしこジャパン。

その戦いは、これからもつづいていく。
ふたたび世界の頂点で、大輪の花を咲《さ》かせるために。

【参考文献】
『祝 世界一‼ なでしこジャパン‼』（オークラ出版）２０１１
『凜と咲く なでしこジャパン30年目の歓喜と挑戦』日々野真理（ＫＫベストセラーズ）２０１１
『オリンピック　ヒーローたちの物語』大野益弘（ポプラ社）２０１２
『心にのこるオリンピック・パラリンピックの読みもの　３』（学校図書）２０１６
『すごいぞ！ オリンピック・パラリンピックの大記録』（講談社）２０１６
『世界に感動をあたえた日本人〔上〕スポーツ　国際理解・平和編』（評論社）２０１７

第8章

北海道の小さな町から羽ばたいた、5人の「常呂っ娘」

カーリング

平昌大会

カーリング女子

２０１８年、韓国《かんこく》・平昌《ピョンチャン》で開催《かいさい》された冬季オリンピック。

カーリング女子は銅メダルをかくとく。

日本にカーリング史上初のメダルをもたらした。

日本代表のチーム、ＬＳ北見（ロコ・ソラーレ北見）は、１枠《わく》しかない国内のきびしい代表争いを勝ちぬいて、平昌《ピョンチャン》の大舞台《ぶたい》に立っていた。

メンバーは、５人。

主将の本橋麻里《もとはしまり》。

司令塔《しれいとう》の藤澤五月《ふじさわさつき》。

吉田知那美《よしだちなみ》・吉田夕梨香《よしだゆりか》の姉妹。

そして鈴木夕湖《すずきゆうみ》。

全員が、カーリングがさかんな北海道・常呂《ところ》町で生まれ育った「常呂《ところ》っ娘《こ》」だ。

試合中も笑顔を絶やさず、明るくはつらつとしたプレースタイルで注目を集め、大人気となった。

チームのみんなでよく泣き、よく笑う。

ともに成長し、つかんだ銅メダル。

それぞれ苦しい時期を乗りこえて、平昌《ピョンチャン》での栄光を手にしたのだった。

なお、ＬＳ北見（ロコ・ソラーレ北見）は、２０１８年11月から、チーム名を「ロコ・ソラーレ」に統一している。

氷上のチェス

カーリングは、約40メートルはなれた場所にえがかれたハウス（円）をめがけて、重さ約20キロのストーン（石）を氷の上ですべらせる競技だ。

２チームで対戦し、各チーム４人の選手が１人２投ずつ交互《こうご》にストーンを投げる。最初に投げる選手をリード、２番目をセカンド、３番目をサード、そして最後に投げる選手をスキップとよぶ。

スキップは、３人の選手に指示をおこない、得点を決める最後のショットを投げる。

重要な役割をになうので、司令塔《しれいとう》ともよばれる。

各チーム８投ずつ、あわせて16投で１エンド。

エンドが終わった時に、ハウスの中心にもっとも近い場所にストーンを置くことができたチームが、そのエンドの得点を得る。

このストーンを「第1ストーン」とよび、まずは1点。

そして、相手がもっとも中心に近いところに置いたストーンよりも内側にある、自分のチームのストーンの個数が得点になる。

これを第10エンドまでくりかえして、総得点の多いほうが勝ちとなる。

ストーンの持ち手は、赤と黄の2色ある。

テレビで見ていても、どちらのチームのストーンがハウスに残っているのかわかりやすい。

当然、自分のチームのストーンを最後の第1ストーンにしたい。

相手のストーンをはじき飛ばしたり、相手が投げづらい場所にガードを置くなど、各チームが戦略を練《ね》る。

そのうえで、ねらいどおりのコースにストーンを投げる正確さも求められる。

カーリングは「氷上のチェス」ともよばれるゆえんだ。

氷の表面は細かいつぶでおおわれている。

試合会場の室温や湿度《しつど》によって氷の状態が変化する。

その状況《じょうきょう》を読むことが、ショットの精度に大きく影響《えいきょう》する。

また、氷上をブラシではく（スイープする）ことで、表面がツルツルになる。

平昌大会　カーリング女子

ストーンはすべりやすくなり、スピードをコントロールしたり、コースを変えたりすることもできるのだ。

試合中は、スイープを指示する「ヤーップ（ヤップ）！」、スイープを止めさせる「ウォー！」などの言葉が飛びかう。

そしてなにより、プレッシャーがかかる場面での勝負強さ、そして作戦を共有するチームワークが大切な競技なのだ。

平昌《ピョンチャン》大会の閉会式を翌日にひかえた、２月24日。

カーリング女子日本代表チーム「ＬＳ北見」は、銅メダルを懸《か》けた３位決定戦にのぞんだ。

対戦相手は、イギリス。

４年前のソチ大会では銅メダルをかくとくしている強敵だ。

試合は、なかなか点の入らない、息づまる接戦となった。

第８エンドを終えて、３－３。

日本は先攻《せんこう》の第９エンドで、スキップの藤澤《ふじさわ》五月《さつき》が、イギリスのガードストーンの裏に回りこむナイスショットを放つ。

「自分を信じて、スイーパーを信じて、自信を持って投げられた」
とふりかえる、会心の1投だった。
かつてのチームで、だいじなところで失敗してしまうことが多かった藤澤《ふじさわ》。
その藤澤《ふじさわ》が、仲間とともに精神的に成長した証とも言えるショットだった。
後攻《こうこう》のイギリスは、日本のストーンをはじき出そうとする。
だが、コースがわずかにそれる。
日本に1点が入り、ついに勝ち越《こ》した。
しかし、油断はできない。
カーリングは、最後にショットを投げられる後攻《こうこう》のほうが圧倒《あっとう》的に有利なのだ。
そして第10エンドは、イギリスが後攻《こうこう》。
逆転される可能性が高い。
藤澤《ふじさわ》の最後の1投。
手前にあった日本のストーンにわずかに当たってしまったためにコースが変わり、
ハウスの中心に近づけなかった。
この時点で、ハウスにもっとも近い位置にあるのは、イギリスのストーンだ。
このままでも同点、もし第2ストーンもイギリスがとれば2点が入って逆転される。

負けた……。

自分のミスショットに藤澤《ふじさわ》は負けを覚悟《かくご》した。

くちびるを結び、かたい表情で銀盤《ぎんばん》を見つめる。

勝負のゆくえを決める、イギリス、スキップのラストショット。

イブ・ミュアヘッドの放つストーンが、氷上を静かにすべりだした……。

小さな町から羽ばたけ！

オホーツク海に面する、北海道常呂《ところ》町（現・北見市）。

カーリングがさかんな町として知られている。

子どものころからカーリングに慣れ親しみ、長野や札幌《さっぽろ》、青森などのトップチームでプレーする選手も多い。

「ＬＳ北見」は、２０１０年夏に、本橋麻里《もとはしまり》が故郷の常呂《ところ》町で新たに立ちあげた、地元に根ざしたチームだ。

チーム名の「ＬＳ」とは、「ロコ・ソラーレ」の略。

「ロコ」は、地元を意味する「ローカル」と「常呂《ところ》っ娘《こ》」から。

選手たちを照らす太陽をイメージして、イタリア語で太陽を意味する「ソラーレ」を組みあわせた言葉だ。

本橋《もとはし》は、「チーム青森」のメンバーとして、２００６年トリノ大会（７位）と、２０１０年バンクーバー大会（８位）に出場した経験を持つ。

日本のカーリング界の将来を見すえ、

「強いきずなを持ったチームをイチからつくりたい」

との思いで結成したのだった。

しかし、大きな企業《きぎょう》のバックアップもなく、新しいチームを運営し、練習場所を確保するのは簡単なことではない。

カーリングは、日本ではマイナーなスポーツだ。

注目を集めるのは、４年に一度のオリンピック期間中だけ。

そもそも新チームがオリンピックに出られる保証もない。

チームを支援《しえん》してくれる、地元の協賛企業《きぎょう》を集めるために、本橋《もとはし》は駆《か》けまわった。

その地道な努力に心を動かされたスポンサーが増え、選手の勤務先としてうけ入れてくれる会社もあらわれた。

発足時のメンバーには、鈴木《すずき》夕湖《ゆうみ》と吉田《よしだ》夕梨花《ゆりか》の姿があった。

幼なじみの2人は、カーリングをはじめたころからいっしょにプレーする仲間だ。

中学時代には北海道代表にもなっている。

その日本選手権で、2年連続3位に入る実力を持っていた。

セカンドの鈴木《すずき》は、身長1メートル46センチと小柄《こがら》だ。

だが、ストーンを力強くスイープするスタミナと技術が高く評価されている。

このときまだ高校生だった吉田《よしだ》夕梨花《ゆりか》は、最初のストーンを投じるだいじな役回りのリードをまかされることになる。

選手人生は、このチームで終わっていい

カーリングは、ひかえの選手（リザーブ）1人をふくめた5人でチームをつくる。

チームごとに戦略があり、長年の練習でつちかったチームワークが重要だ。

そのため、日本代表はチーム単位で選ばれる。

たったひとつしかない日本代表の座。

それをめぐって、ライバルチームがはげしい争いをくりひろげることになる。

そんなライバルである２つのチームから、ＬＳ北見に新たなメンバーが加わることになった。

吉田《よしだ》姉妹の姉・知那美《ちなみ》が、故郷の常呂《ところ》にもどってきたのだ。

北海道銀行の一員として出場したソチ大会で、５位に終わった直後にチームから戦力外通告をうけていた。

落ちこんでいた彼女《かのじょ》に、本橋《もとはし》が声をかけた。

「いっしょに日本代表をめざそう。もう一度、カーリングをやろうよ」

吉田知那美《よしだちなみ》の心が動く。

「このチームで終わっていいと思うくらいの覚悟《かくご》で、人生をかけて戦おう」

そう決意し、ふたたび前を向いた。

チームメイトとなった、妹の夕梨花《ゆりか》の成長もうれしかった。

そして、もう１人。

日本選手権で４連覇《れんぱ》をかざった強豪《きょうごう》チームの中部電力で、期待されながらもソチ大会への出場がかなわなかった、藤澤五月《ふじさわさつき》だ。

大一番でのもろさが出てしまい、司令塔《しれいとう》として責任を感じた。
藤澤《ふじさわ》もまた、失意のどん底にいた。
そんななか、故郷の本橋《もとはし》にさそわれる。
なやみながらも、
「新しいチャレンジをしたい」
と、移籍《いせき》する決断をしたのだった。
新生・ＬＳ北見は大きく戦力アップすることになった。
２０１６年２月の日本選手権で優勝。
日本代表としてのぞんだ３月の世界選手権で快進撃《かいしんげき》を見せ、銀メダルをかくとく。
そして２０１７年９月、中部電力とのオリンピック代表決定戦。
この激闘《げきとう》を制し、ＬＳ北見は、平昌《ピョンチャン》大会の切符《きっぷ》をつかんだのだ。

チャンスをつかめ！

結成から７年。

ついにオリンピック出場がかなった常呂《ところ》っ娘《こ》のチームの活躍《かつやく》に、日本じゅうが大いに盛り上がることになる。

10か国の代表チームが出場した平昌《ピョンチャン》大会では、まずは総当たりのリーグ戦をおこない、上位4チームが準決勝に勝ちあがる。

日本は、当時世界ランキング6位。

自分たちより格上の強豪《きょうごう》チームにも、果敢《かかん》に立ち向かった。

1次リーグの初戦で幸先よくアメリカに勝利。

つづいてデンマーク、開催《かいさい》国の韓国《かんこく》にも勝ち、勢いに乗った。

4戦目の中国には敗れたが、ＯＡＲ（ロシア）に大勝。

ソチ大会で金メダルにかがやいたカナダに敗れたのち、強豪《きょうごう》のスウェーデンから貴重な勝利をもぎとった。

イギリスにはおしくも敗れたものの、ここまでの8試合で5勝3敗。

最終戦のスイスに勝てば、自力でのベスト4進出が決まる。

今大会は3勝5敗とふるわなかったスイスだが、強敵にはちがいない。

第4エンドでの藤澤《ふじさわ》のミスショットがひびき、大きなリードをゆるしてしまった。

けんめいに追いあげるも、4－8の完敗。

準決勝進出は遠のいたかと思われた。

だが、運が味方した。

日本と順位が並ぶ可能性があったアメリカが、同じ時刻におこなわれた試合で、スウェーデンに負けたのだ。

その結果、１位・韓国《かんこく》（８勝１敗）、２位・スウェーデン（７勝２敗）、３位・イギリス（６勝３敗）に次いで、５勝４敗の日本が４位となる。

準決勝進出が決まった。

「勝ちとったというより、あたえられたチャンス」だと、藤澤《ふじさわ》は感じていた。

好感と親しみから人気ものに

ちなみにテレビ中継《ちゅうけい》では、試合中に氷上で交わされる選手の声も放送される。

次にストーンをどこに投げるか。

選手どうしのやりとりや作戦が、見ている側にも伝わってくる。

そこで話題になったのが北海道の方言を交えた会話だ。

「そだねー（そうだね）」

といいながら、自然体で試合を楽しんでいる様子に好感と親しみが持たれた。

もちろん真剣《しんけん》な気迫《きはく》は十分。

長い試合では、第10エンドまで3時間近くかかることもある。

ちょうど中間の第5エンドが終わると、7分間のハーフタイムがもうけられた。

後半の作戦を話し合いながら、おかしやフルーツを食べてエネルギーを補給する。

輪になってすわり、イチゴやリンゴなどをほおばる選手たち。

まるでピクニックのようになごやかなふんいきだ。

「もぐもぐタイム」とよばれて話題になったのも納得である。

準決勝の相手は、1次リーグ1位通過の韓国《かんこく》だ。

韓国《かんこく》はリーグ戦で日本に敗れていたため、もう負けられない。

気合いが十分に伝わる。

開催《かいさい》国のチームへの声援《せいえん》は、いっそう熱を帯びる。

完全アウェーのふんいきに包まれる。

日本は第1エンドでいきなり3点を失う苦しい展開になってしまった。

第2エンドに2点を返したが、じょじょにリードを広げられる。

しかし第10エンドでは、不利な先攻《せんこう》にもかかわらず、藤澤《ふじさわ》のたくみなショットが相手のミスをさそう。

スチール（先攻《せんこう》のエンドで得点すること）に成功して同点に追いついた。

決着がついたのは、延長の第11エンド。

大きなメガネがトレードマークで、いつも表情をくずさない冷静なスキップ、キム・ウンジョンが、最後の1投をしっかりとハウスの中心に寄せる。

第1ストーンは……、韓国《かんこく》。

日本はおしくも決勝進出をのがした。だが、まだメダルかくとくのチャンスはある。

「くやしいけど、いい試合はできた。メダルを懸《か》けた試合が残っているので、自信とほこりを持って戦いたい」

藤澤《ふじさわ》の言葉は、チームみんなの気持ちをあらわしていた。

そして翌日、今大会最後の大勝負、3位決定戦にのぞんだのだった。

カーリング女子3位決定戦、第10エンド。

勝負を決める運命のラストショット。

どんなに経験豊かなアスリートでも、大きなプレッシャーがかかる場面だ。

ソチ大会で、日本代表の北海道銀行を圧倒《あっとう》したイギリスのスキップ、イブ・ミュアヘッドも、例外ではなかった。

最後の1投は、ねらったコースからはずれるミスショットになった。

日本のストーンに当たる。

音を立ててぶつかった日本のストーンはクルクルと回った。

まるで吸い寄せられるかのようにハウスの中心へとおしあげられる。

そこでピタリと止まった。

第1ストーンは、日本。

この瞬間《しゅんかん》、銅メダルが決まった。

氷の神様が味方してくれた

日本の選手たちは、信じられないという表情をうかべる。

まだ実感がわかないものの、ハイタッチをかわす。

しっかりとだきあって、喜びを分かちあった。

そして、応援《おうえん》席に向かって、大きく手をふる。

いつもの笑顔に、うれし涙《なみだ》があふれていた。

「最後まで、何が起きるかわからないのがカーリング。

氷の神様が味方してくれた」

と、吉田知那美《よしだちなみ》は、ふりかえる。


自ら立ちあげ、ともに成長してきたチームがなしとげた快挙。

本橋《もとはし》は、

「歴史的な瞬間《しゅんかん》に立ち会えてうれしい。

今回のメダルで、日本カーリング界は変わります。やりきった！」

と、達成感を口にした。

チームのメンバーから大きな信頼《しんらい》を集めている本橋《もとはし》は、ひかえにまわって戦況《せんきょう》を見つめ、若い４人をサポートしていた。

常にレギュラーをねらえる本橋《もとはし》がいることで、チームによい緊張《きんちょう》感が生まれ、いざという時の安心感もあったのだ。

授与《じゅよ》式で銅メダルをうけ取り、ようやくメダリストになった実感がわいた藤澤《ふじさわ》は、

「私たちが今までこのチームでやってきたことが、間ちがいじゃないと証明することができました」

とほこらしげに語り、喜びをかみしめた。


晴れやかな表情で帰国。

翌日に北海道へ帰郷した5人を、女満別《めまんべつ》空港でおおくの市民が出むかえた。

「おかえりー」

「ありがとう！」

数々の温かい言葉が、11試合の激闘《げきとう》を戦いぬいた選手たちを包む。

メダルはゴールじゃない

「メダル、とったどー！」

大きな声で報告した本橋《もとはし》は、涙《なみだ》ぐみながら、応援《おうえん》への感謝の言葉を述べた。

「今日までは『おめでとう』、明日からは『またがんばってね』と、声をかけてください」

そう、ここがゴールではない。

４年に一度だけの話題では終わらせない。

カーリングを日本にしっかりと根づくスポーツにしたい。

それが、このオリンピックで大きな飛躍《ひやく》をとげたＬＳ北見のメンバーをはじめ、すべてのカーラー（カーリング選手）たちの願いなのだ。

そのために、みな日々努力しつづけ、ライバルチームたちはしのぎをけずっている。

【参考文献】

『カーリング女子 チームと栄冠』田中充（汐文社）２０１８

『週刊朝日増刊 平昌オリンピック総集編』（朝日新聞出版）２０１８

『サンデー毎日増刊 平昌冬季オリンピック全記録』（毎日新聞出版）２０１８

第9章

新記録で金メダルをつかんだ「世界一美しい隊列」

スピードスケート

平昌大会 パシュート 日本女子

2018年平昌大会 スピードスケート 女子チームパシュート／金

２０１８年平昌《ピョンチャン》大会。

スピードスケート競技のひとつ、チームパシュート。

この競技で、日本の女子チームは金メダルをかくとくした。

「団体追いぬき」ともよばれるこの競技は、４人チームのうちの３人が１組となって１周４００メートルのスケートリンクを６周すべる。

最後にゴールした選手のブレードが通過したタイムを競う。

空気抵抗《ていこう》をできるだけ少なくするために、３人の選手はまっすぐ縦一列になって滑《かっ》走《そう》する。

　まさに一糸乱れぬ日本の女子チームのスケーティングは、「世界一美しい隊列」とよばれた。

　そして世界記録を持つ日本が、チームワークとスケートの高い技術で、頂点を勝ちとったのだ。

表彰《ひょうしょう》台で金メダルを胸に、満面の笑みを見せた４人。

髙木菜那《たかぎなな》

髙木美帆《たかぎみほ》

平昌大会　パシュート日本女子

佐藤《さとう》綾乃《あやの》
菊池《きくち》彩花《あやか》
彼女《かのじょ》たちをささえたのは、日本のナショナルチームの強いきずなだった。

世界で一番、練習をしてきた

２０１８年2月21日、女子チームパシュート決勝。

日本の女子チームは、平昌《ピョンチャン》大会前のワールドカップで、世界記録を３回連続で更新《こうしん》してきた。

「自分たちがパシュートにかけてきた時間は、どの国よりも長い」

そう髙木美帆《たかぎみほ》が語るように、世界で一番、パシュートの練習をしてきたという自信もある。

決勝の相手は、スケート大国の強豪《きょうごう》、オランダ。

この種目では２０１４年ソチ大会の覇者《はしゃ》でもある最強のライバルだ。

ここには、女子１５００メートルの金メダリスト、イレイン・ブストがいる。

それだけでなく、3人とも今大会の個人メダリストという最強のメンバー構成で、連覇《れんぱ》をねらっている。

いよいよこれが最後のレース——。

スタートラインに向かう直前、日本チームは肩《かた》を寄せあって円陣《えんじん》を組んだ。

いっしょに過ごし、これまで練習についやしてきた時間を愛おしむかのように。

その輪はなかなかほどけない。

「みんなで最高のレースをして、楽しんでこい！」

オランダ人のヨハン・デビットコーチが笑顔で激励《げきれい》する。

髙木菜那《たかぎなな》、妹の美帆《みほ》、そして佐藤綾乃《さとうあやの》の3人を送り出した。

決勝の2時間ほど前におこなわれた準決勝のカナダ戦でレースをした菊池彩花《きくちあやか》も、くちびるをぎゅっとかみしめ、両手を胸の前で強くにぎりしめて勝利を祈《いの》る。

流れるようなフォーメーション

スタートの合図が鳴りひびく。

平昌大会　パシュート日本女子

リンクの反対側に位置する両チームが勢いよく飛びだしていった。

日本は、全６周のうち、最初と最後の計３周半を美帆《みほ》が引っぱるフォーメーションでのぞむ。

先頭は空気抵抗《ていこう》がもっとも大きい。そこで美帆《みほ》が「壁《かべ》」となり、最初の７００メートルで隊列をスピードにのせ、速いペースをつくるのだ。

１周目では、日本が０秒16のわずかなリード。

体力をもっともしょうもうする先頭を、２番手の佐藤《さとう》に交代する。

そして３番手の菜那《なな》がねばるもオランダが逆転し、レース中盤《ちゅうばん》まで先行を許す。

日本の３人は足の運びと腕《うで》のふりがそろう息の合ったリズムで氷上を滑走《かっそう》する。

残り１０００メートルの地点で、その差は０秒47。

「姉と綾乃《あやの》が、いいリズムで行ってくれたので、足を温存できた」

そうふりかえる美帆《みほ》が、満を持してふたたび先頭にでる。

流れるようにスムーズな先頭交代で、スピードはまったく落ちない。

オランダを追いあげ、じょじょに差をつめていく。

残り６００メートルでほぼ並ぶ。

最後の１周、残り４００メートル。

ついに逆転。そのまま一気につきはなす。

勝利を確信したデビットコーチが、はやくも両手をつきあげた。

２分53秒89。最後は１秒59の大差。

オリンピック新記録で念願の金メダルを勝ちとった。

「ついに、やったぞーっ！」

会心のレースをすべりきった３人は、肩《かた》をだきあい、こんしんのガッツポーズで、笑顔をはじけさせた。

その目には、うれし涙《なみだ》が光っていた。

一糸乱れぬ結束力が勝因

レースを終えた３人が、そろって口にしたのは、仲間への感謝だった。

「チーム全員の力がないと、なしとげることができなかった金メダル。このメンバーで戦ってこられてよかった」と、美帆《みほ》。

「いっしょにやってきた先輩《せんぱい》たちに、ものすごく感謝の気持ちでいっぱいです」と、佐藤《さとう》。

「みんなで勝ちとることができたので、こんな幸せなことはないです」

菊池《きくち》は、すがすがしい表情で語った。

表彰《ひょうしょう》式では、４人で手をつないで表彰《ひょうしょう》台のてっぺんにのぼる。

みんなでバンザイをしたままピョンピョンとびはねて、全身から喜びをあふれさせた。

菜那《なな》は言う。

「みんなの力があってこその金メダルだったので、本当にうれしい。ずっといっしょにやってきた仲間だったので、この仲間でしか金メダルは取れないと思うくらい、本当に心強いチームでした」

メダルゼロだった日本の戦略

チームパシュートは、２００６年トリノ大会から正式に採用された。

まだ歴史の浅い種目だ。

日本スケート連盟は、チームパシュートの強化に力を入れてきた。

スピードスケート全種目で、メダル「0」に終わったソチ大会。

その結果をうけとめ、金メダルをねらって、隊列の研究を進めたのだ。

レースをおこなう３人の選手たちの体力の負担を少なくするには、空気抵抗《ていこう》を小さくすることが必要だ。

そのためには、３人の列を左右にずらしてはならない。

ワンライン——すなわち、一本の線のようにまっすぐ縦にならんで一列ですべるよう意識することが重要なのだ。

横に40センチはずれただけで、先頭の「壁《かべ》」の役割がなくなり、単独での滑走《かっそう》と同じ空気の抵抗《ていこう》をうけてしまう。

逆に、前をすべる選手との間は、１３０センチほどはなれても空気抵抗《ていこう》がおさえられることもわかった。

そこで、先頭を入れかえるときに後ろへ下がる選手のコース取りも、他の選手に近づいてスピードを落とさないよう、あえて外に大きく回る方法を採用した。

さらに、交代の回数も、最後尾《さいこうび》に下がるタイムのロスを最小限におさえるため、４回から３回に減らした。

コンマ１秒を争う競技なので、少しでもムダを減らそうというこだわりだ。

こうした科学的なデータによる裏付けと、たくみな戦略が、日本の金メダルにみごとに結びついたのだ。

共同生活でチームワークを高める

そして、なによりもだいじなチームワークは、１年３６５日のうち約３００日を合宿や遠征《えんせい》でともに過ごすことで、つちかった。


選手たちは、同じ競技で競うライバルであると同時に、心を通いあわせる仲間だ。

日本のトップ選手を集めたナショナルチーム。

所属するそれぞれのチームの枠《わく》をこえ、共同生活で信頼《しんらい》ときずなを深めた。

いつもいっしょに練習することで刺激《しげき》しあい、おたがいの技術をみがいてきた。

それは、陸上競技の４×１００メートルリレーの戦い方と似ている。

ともに長い時間を過ごし、バトンパスの技術をみがいて、個々のタイムに勝る相手に立ち向かって勝利する。

日本らしい、チームワークと技術力がなせるわざなのだ。

このチームのじくとなったのは、スピードスケートがさかんな北海道の十勝《とかち》地域、幕別《まくべつ》町出身の、髙木菜那《たかぎなな》・美帆《みほ》姉妹だ。

菜那《なな》の２歳《さい》下の妹・美帆《みほ》は、小さいころからスケート大会で活躍《かつやく》する天才少女として注目を集めていた。

大人顔負けの実力を発揮して、史上最年少の中学3年生・15歳《さい》で２０１０年バンクーバー大会の日本代表に選ばれた。

当時は、「スーパー中学生」とよばれていた。

だが、個人種目の１０００メートルは35位。

１５００メートルは23位とふるわなかった。

チームメートである田畑真紀《たばたまき》、穂積雅子《ほづみまさこ》、小平奈緒《こだいらなお》が銀メダルをかくとくしたチームパシュートでは補欠となり、すべることができなかったというくやしい経験をした。

その4年後のソチ大会では、さらなる飛躍《ひやく》を期待されたが、代表選考会で落選し出場がかなわなかった。

ソチ大会の出場をはたした姉・菜那《なな》。

その姿を合宿先のホテルのテレビで見て、自分の甘《あま》さを痛感した。

「次の4年間は、すべてをスケートにかける」

姉の菜那《なな》のように、「絶対に勝ちたい」と強く思う気持ち。

勝負にこだわる闘争心。

それらが美帆《みほ》の心に芽生えた。

これまで、「出られるだろう」と甘《あま》く考えていたオリンピック。

こんどは「絶対にでる」と決めた。

「このままじゃいけない。変わらなきゃ」

と、それまでの自分のやり方を見直した。

スケートぐつも国産からオランダ製に変えた。

向上心は、限界を決めない

「もっとできる」

「もっと速くなりたい」

向上心や、意識の高さが、美帆《みほ》の才能をどんどんのばしていく。

そしてナショナルチームでしっかり実力をつけ、8歳先輩《さいせんぱい》の小平奈緒《こだいらなお》とならぶ日本のエースとして成長し、オリンピックの大舞台《ぶたい》に帰ってきたのだった。

「8年前や4年前のくやしさは、オリンピックの結果でしか晴らせない。ここからが、本当にはじまり」

そして、この平昌《ピョンチャン》大会では、1500メートルで銀メダル、1000メートルでは銅メダルをかくとくする大活躍《かつやく》を見せた。

「もっとかがやく景色が見たい」

その希望をチームパシュートの金メダルでかなえた美帆《みほ》は、「金・銀・銅」3つの色のメダルを手にしたのだった。


一方、姉の菜那《なな》は、活躍《かつやく》の目立つ才能ゆたかな妹と、いつもくらべられてきた。

スケートもサッカーも、あとからはじめた妹に追い越《こ》されるくやしさを味わった。

菜那《なな》もトップレベルの選手だったが、スケートの成績がいいのは美帆《みほ》のほう。

サッカーでも、美帆《みほ》はなでしこジャパンでの活躍《かつやく》が期待されたほど有望だった。

小さいころから妹に光が当たるぶん、菜那《なな》はそのかげにかくれてきた。

最強の姉妹タッグ

気が強く活発な姉と、マイペースでまじめな妹。
性格はまったくちがうし、仲良し姉妹という感じでもなかった。
菜那《なな》は1メートル55センチ、美帆《みほ》は1メートル64センチ。
身長も美帆《みほ》のほうが高い。
自分が妹に見られたり、「美帆《みほ》選手のお姉さん」とよばれたりすることもいやだった。
妹の美帆《みほ》はバンクーバー大会の日本代表に選ばれたが、菜那《なな》は落選。
くやしくて、妹の快挙を素直に喜べない。
自宅に届いた美帆《みほ》の日本代表ジャージに、
「正直、むかついた。ずるくない？」
といらだちをおさえきれない。
オリンピック会場の観客席では、晴れの舞台《ぶたい》に立つ妹がうらやましかった。

心から応援《おうえん》することができない。

レース中に「転べばいいのに」とまで思った。

だが、負けず嫌《ぎら》いの菜那《なな》。

複雑な思いをかかえながらも、くさることなく意地を見せる。

身近に一番のライバルがいたことが、きびしい練習に耐《た》えるエネルギーになった。

オリンピックへのあこがれ。

オランダで学ぶほどの、たゆみない努力。

それらが積み重なり、ついにソチ大会の切符《きっぷ》をつかみとった。

２０１０年は妹だけが出場した舞台《ぶたい》に、２０１４年は姉が１人でいどむ。

そして、２０１８年の平昌《ピョンチャン》大会で、姉妹ではじめていっしょに同じ舞台《ぶたい》に立つことができたのだった。

さらに菜那《なな》は、チームパシュートの金メダルにつづいて、平昌《ピョンチャン》大会から採用された新種目のスピードスケート・女子マススタートでも金メダルにかがやき、初代女王となった。

「最高のオリンピックになりました。『美帆《みほ》だけじゃなくて、菜那《なな》もいるんだぞ！』っていうところは、見せられたかな」と、胸をはる。

こうして髙木《たかぎ》菜那《なな》・美帆《みほ》姉妹は、きょうだいそろって金メダルかくとくという、日本ではじめての快挙をなしとげたのだった。

もう1人のメンバー

じつは、日本の女子チームパシュートには、選手が「5人」いた。

もう1人のメンバーは、押切《おしぎり》美沙紀《みさき》。

2014年ソチ大会では、メダルまであと一歩届かなかったものの4位になったチームパシュートの中心となって活躍《かつやく》していた選手だ。

菜那《なな》とは同学年で、同じ十勝出身の幼なじみでもある。

この平昌《ピョンチャン》大会にはスピードスケート500メートルの代表として出場したが、チームパシュートのメンバーには落選したのだ。

だが、これまで5人で交代しながら練習をおこなってきた押切《おしぎり》は、メンバーをサポートしつづけてきた。

自分はリンクに立つことができなかったが、心はひとつ。

目標は、悲願の金メダルだ。

チームパシュートの決勝戦。

観客席から、ひときわ大きな声で応援《おうえん》した。

「がんばれー！」

「ラスト、ラストー！」

そして、金メダルをつかんだ仲間たちに、大きな拍手《はくしゅ》を送る。

「あぁ、うれしい……」

と、目に涙《なみだ》をためながら。

「あ、美沙紀《みさき》！」

「美沙紀《みさき》さ〜ん！」

日の丸を手に、リンクでウイニングランをする４人が、観客席の押切《おしぎり》を見つけた。

「ありがとう、美沙紀《みさき》——！」

とさけんで、大きく手をふる。

チームは、５人でひとつ……。

表彰《ひょうしょう》式を終えると、美帆《みほ》が押切《おしぎり》の首に「はい」と金メダルをかけ、そっとだきあう。

それだけで、おたがいのあふれる思いが伝わった。

金メダルを手にした4人がそろって口にし、感謝する「みんな」。
ここには、押切《おしぎり》をはじめとするナショナルチームのメンバーだけでない。
選手たちをサポートしてきたコーチやトレーナーなど全員がふくまれている。
絶対に、1人だけではなしとげられない夢。
それを仲間とともに、「みんな」で、かなえたのだ。

【参考文献】

『サンデー毎日増刊　平昌冬季オリンピック全記録』（毎日新聞出版）2018
『週刊朝日増刊 平昌オリンピック総集編』（朝日新聞出版）2018
『平昌オリンピック 激闘の記録』（読売新聞社）2018
『髙木菜那・美帆　ともに頂点へ』林直史（汐文社）2018
「涙のオリンピック」（テレビ朝日）2018

第10章

6人が完成させた、金メダルへの架け橋

体操
アテネ大会
体操男子
日本チーム
2004年アテネ大会　体操男子団体　金

２００４年8月16日、アテネ。

体操の会場は、団体決勝戦の熱気に包まれていた。

最終種目である鉄棒がはじまろうとしたいた。

メダルを争っているのは、首位ルーマニア、２番手日本、３番手アメリカ。

どのチームが金メダルをとってもおかしくない。


日本は１９６０年ローマ大会から驚異《きょうい》のオリンピック団体5連覇《れんぱ》をなしとげた。

ライバルの国々に「われわれの目標は最初から2位だ」とまで言わしめていた。

しかし、「体操ニッポン」は、１９７６年モントリオール大会での団体金メダルを最後に、長いことのびなやんでいた。

日本がめざすのは「美しい体操」。

それが世界の「難易度」「ダイナミックさ」を追う流れと、合わなくなっていったためだ。

だが、このアテネ大会の日本チームはちがった。

28年ぶりの金メダルにあと一歩のところまでせまっていた。

代表選手がチームになるまで

5月3日。

東京でおこなわれた最終選考会で、6人のオリンピックメンバーが選ばれた。

前年の世界選手権の個人総合銅メダリスト冨田洋之《とみたひろゆき》。

同じ世界選手権であん馬・鉄棒の2つの金メダルにかがやいた鹿島丈博《かしまたけひろ》。

幼いころから「天才」の名をほしいままにしてきた米田功《よねだいさお》。

過去二度のオリンピック出場経験をもつベテラン塚原直也《つかはらなおや》。

つり輪のスペシャリスト水鳥寿思《みずとりひさし》。

ゆか種目で期待される最年少21歳《さい》の中野大輔《なかのだいすけ》を加えた6人。

28年ぶりの団体金メダルも……と期待される実力者ぞろいだった。

エースは、23歳《さい》の冨田《とみた》。

冨田《とみた》が体操をはじめたのは小学校3年生と決して早くなく、中学時代までは目立たない存在だったが、高校生で全国のトップになった。

冨田《とみた》の体操の特徴《とくちょう》は、手指から足の先までみごとにコントロールされた、穴のない演技だ。

全種目を高いレベルでこなせるのは、まじめにコツコツと積み上げてきた努力のたまもの。

「点数を引けるものなら引いてみろ」

そう思えるくらいに、彼《かれ》はすべての技を磨《みが》き上げてきている。

鹿《か》島《しま》の美学

その冨田《とみた》と同学年の鹿島《かしま》は、少年時からすぐれた才能を注目されてきたエリートだ。

中学３年生で特別に全日本選手権に出場し、あん馬で史上最年少の優勝。

筋肉がつきにくいため、つり輪などのパワー種目には向かない。

だが、長い手足を生かしたあん馬や鉄棒の演技は、見る者がため息をついてしまうほどの美しさをほこる。

じつは、体操以外のスポーツはあまり得意ではない。

体操を愛し、ひとすじに打ちこんできたのには理由がある。

「だれかを打ち負かす必要がないから。

相手は自分自身で、自分がどれだけ美しい演技をできるかが大切だから」

そう鹿島《かしま》は語る。

チームをひっぱってきた存在

最年長の塚原直也《つかはらなおや》は、全日本選手権５連覇《れんぱ》の実績《じっせき》をもつ。

１９９６年アトランタ大会、２０００年シドニー大会に出場した経験がある。

マイペースながらつねにおだやかで、チームを精神的にささえている存在。

オリンピック３大会で金メダルをとった塚原光男《つかはらみつお》を父にもち、日本の低迷時代もエースとしてチームをひっぱってきた。

塚原《つかはら》は、おそらく最後の出場となるアテネ大会でのメダルかくとくにかけている。

だが、チームのキャプテンに選ばれたのは、米田功《よねだいさお》。

米田《よねだ》は、塚原《つかはら》と同じ最年長の26歳《さい》。

だが、米田《よねだ》には、世界選手権のメダルもオリンピック出場経験も、どちらもない。

米田《よねだ》が体操をはじめたのは8歳《さい》。

コーチは「天才だ」と言った。

名門の体操クラブでも飛び級クラスに入るなど目立った存在。

どんな技でもすぐにマスターしてしまう米田《よねだ》は、いつしか、

「天才だから、努力をしなくても結果を出せる」

と思いこんだ。

そして、大学に入ると練習をさぼりがちになった。

努力することは格好悪いことだ、とまで思うようになっていた。

だれよりもかっこ悪い

練習に打ちこむ仲間を横目に、海にスノボにと「大学生ライフ」を楽しむ米田《よねだ》。

出場できると思っていた2000年シドニー大会のメンバーから外れた。

はじめて、目がさめた。

自分自身に対する怒《いか》りが、米田《よねだ》を変えた。

だれよりもかっこ悪いのは、練習も満足にしないで結果を求め、失敗した自分だ。

一度なまってしまった体はすぐにはもどらない。

なかなか結果が出ず、2003年の世界選手権でも補欠にとどまった。

そこで米田《よねだ》に大きな刺激《しげき》をあたえたのが、すばらしい演技を連発する年下のチームメイト、鹿島《かしま》と冨田《とみた》の姿だった。

「日本選手も世界でメダルをとれるんだ」

米田《よねだ》の向上心は、いっそうかきたてられた。

米田《よねだ》の確信

最終選考会トップの成績でアテネ大会代表に決定し、キャプテンをまかされた米田《よねだ》は、「目標は団体の金メダル」と宣言した。

このメンバーならねらえるという確信があったからだ。

ただし、金メダルをとるには全員が最高の演技をする必要がある。

自分がまず、率先して金メダルへの姿勢を示そう。

数年前までのふわふわした米田《よねだ》の姿は、もうどこにもなかった。

米田《よねだ》は、本番直前におこなうような「通し練習」を、合宿初日にやってみせた。

全種目をつづけるため、かなりの体力をつかう。

彼《かれ》と同じく高い目標を持つチームメイトたちは、米田《よねだ》の決意を理解し、これにつづいた。

練習にあけくれる日々。

ただ、不安な要素がひとつあった。

マイペースな中野をまっていたもの

最年少の中野《なかの》大輔《だいすけ》の、とてもマイペースな練習ぶりだ。

明るくにくめないキャラクターだが、ゆかでの高得点を期待されてメンバーになったのに、他の種目に取り組んでいる。

理由は、もともと得意なゆかだけでなく、他の種目でも演技メンバーに入りたかったからだった。

若い中野《なかの》にとって、アテネ大会では団体金メダルよりもまず自分をアピールすることが優先だったのだ。

合宿最終日の前日におこなわれた、しめくくりのテスト。

案の定、中野《なかの》のゆかの演技の点数はひどいものだった。

これではオリンピックに連れて行けない。

コーチは中野《なかの》１人に翌日の早朝練習を命じた。

朝６時、練習場についた中野《なかの》を、予想もしない光景がまっていた。

チームのかがやき

自分だけだと思っていたのに、５人の仲間がウォーミングアップをしていたのだ。

キャプテンの米田《よねだ》が、

「中野《なかの》１人にさせるのではなく、みんなでやらないか」

と、他のメンバーに声をかけ、全員が集まったのだった。

「通します」
米田《よねだ》が、全種目をつづけておこなう。
早朝だというのに、その完成度はすばらしかった。
冨田《とみた》、鹿島《かしま》、水鳥《みずとり》、塚原《つかはら》……他の選手たちも黙々《もくもく》と。
中野《なかの》は、涙《なみだ》を流しながらその光景を見ていた。
チームメンバーの団体金メダルにかける思い。
それが、はじめて彼《かれ》の心の深いところまで入ってきたのだった。
日本出発を前に、チームはひとつにまとまった。

トップバッターは塚原《つかはら》

アテネで団体予選を1位通過した日本チーム。
決勝は、ゆか、あん馬、つり輪、平行棒、跳馬《ちょうば》、鉄棒。
想定どおりの順番になった。
この6種目で各国3人ずつが演技をし、合計ポイントで順位が争われる。

アテネ大会　体操男子日本チーム

最初の種目、ゆかのトップバッターをまかされたのは塚原《つかはら》直也《なおや》。
メダルにいどんでやぶれつづけたアトランタ、シドニー大会を経ての今大会。
どんな精神状態でも失敗しないようにイメージして練習をつんできた。
だが、あまりの緊張《きんちょう》に冷静さを失いそうだった。
それでも、ミスを最小限におさえて演技をまとめた。

日本には世界ナンバーワンの鹿島《かしま》がいる

次の米田《よねだ》も演技をこなし、中野《なかの》にバトンをわたす。
中野《なかの》は、決勝でのゆいいつの出番であるゆかに全力をかたむけた。
ミスをおそれてちぢこまることだけはすまいと心に決めていた。
その結果、勢いがつきすぎてラインオーバーのミスがでる。
だが、その心意気はチームメンバーに十分に伝わるものだった。
1種目を終えて9・3〜9・5点台の演技をした日本の順位は8チーム中7位。
もともと苦手種目でもあり、想定内の順位だ。

２種目めはあん馬。

繊細《せんさい》なバランス感覚と姿勢の美しさが必要とされ、苦手な選手の多い種目。

だが、日本には世界ナンバーワンの鹿島《かしま》がいた。

長い手足を少しの狂《くる》いもなくハイスピードで動かし、芸術的な角度でピタリと体を静止させる。

天下一品の演技に、会場でどよめきがおこる。

９・７５０の超《ちょう》高得点に、鹿島《かしま》はかすかなほほえみをうかべた。

つづいて冨田《とみた》、塚原《つかはら》が演技をし、ここで日本は一気に３位に浮上《ふじょう》。

つかみつづけたつり輪

３種目めはつり輪。

ここには水鳥寿思《みずとりひさし》という、この種目にすべてをかける選手がいた。

天才とよばれたこともなく、国際大会でのかがやかしい実績《じっせき》もない。

今回の代表にギリギリで選ばれた選手。

アテネ大会　体操男子日本チーム

体操一家に育ったが、他の兄弟よりも力がおとっているとみなされ、指導をしてもらえないという悲しい経験も味わった。

今回も、もっとも得意とする鉄棒には冨田《とみた》、鹿島《かしま》、米田《よねだ》という彼《かれ》よりも上の選手がいた。

だから水鳥《みずとり》は、メンバー内では冨田《とみた》、塚原《つかはら》以外に適任者の見当たらないつり輪の選手になることで、

「代表に水鳥《みずとり》がいてよかった」

と言われるように、猛烈《もうれつ》な練習をつんできたのだった。

それだけに、この1種目での水鳥《みずとり》のプレッシャーは他の選手とはくらべものにならないほど大きかった。

代表に、水鳥《みずとり》がいてよかった

だが、つり輪につかまると、スッと心が落ち着くのを感じた。

来る日も来る日もつかみつづけてきたつり輪だ。

演技をはじめ、回転してさかさまになったとき、まわりの風景が鮮明《せんめい》に見えた。

だいじょうぶ。

落ち着いている。

難易度の高い「中水平」の技を、２秒以上ぴたりと静止させた。

団体金メダルをとるためにノルマとして課されていた９・６。

それをこえる９・６２５という得点をだして、水鳥《みずとり》は役目をはたした。

まさかの中国脱落

だれか１人が大きな失敗をすれば、小数点以下のメダル争いから一気に脱落《だつらく》してしまう。

選手たちはそれぞれ大きなプレッシャーと戦いながら、ひとつひとつ、練習の成果を発揮していった。

金メダル大本命と言われていた中国は、１種目めのゆかで大きなミスを連発。

早くも上位から脱落《だつらく》している。

メダル争いはヨーロッパチャンピオンのルーマニアと、前年の世界選手権個人総合金メダリストをかかえるアメリカ、そして日本にしぼられていった。

このまま行ったら優勝しますよ！

決勝の最終種目、鉄棒。

１位～３位が０・１２５ポイント差のなかにおさまっている。

史上まれにみる熾烈《しれつ》な金メダル争いだ。

日本の演技は３チーム中３番目。

日本トップバッターの米田《よねだ》は、出番をまつあいだ、ルーマニアとアメリカの演技や点数が見えないように壁《かべ》の後ろにかくれていた。

ライバルにまどわされず、自分の演技に集中したかったからだ。

日本の順番が来た。

米田《よねだ》はマットに立ち、鉄棒を見つめて小さくうなずくと、演技をはじめた。

しっかりとした手つきで、米田《よねだ》の体は鉄棒をじくにまわっていく。

はなれ技のコバチを落ち着いて成功させ、着地は少し乱れたがもちこたえた。

得点は９・７８７、堂々たる結果だ。

ここではじめて、米田《よねだ》はチームメイトに状況《じょうきょう》を確認した。

「今、どんな感じ？」

興奮気味に、水鳥《みずとり》と中野《なかの》が答える。

「このまま行ったら優勝しますよ！」

「マジで!?」

米田《よねだ》の前に鉄棒の演技をしたルーマニア、アメリカ。

ある選手は落下し、ある選手は鉄棒をつかみそこねるなど、大きなミスをしていた。

彼《かれ》らはプレッシャーに負けたのだ。

残る日本の演技者は鹿島《かしま》、冨田《とみた》。

この２人ならだいじょうぶだ。


ポーカーフェイスの鹿島《かしま》。

いつもと変わらぬ表情でマットに立つと、演技をはじめる。

美しく白い鳥のような鹿島《かしま》の姿を、会場のすべての目が追う。

そして、意地で一歩も動かずにこらえた最後の着地。

早くも日本の金メダルが決まったかのような大歓声《かんせい》がわき起こる。

鹿島《かしま》は大きなガッツポーズを見せた。

前年の鉄棒世界チャンピオンでもギリギリの精神状態にあったことが、その表情にはあらわれていた。


9・825の超《ちょう》高得点。

みんなで、手をつなぎましょう

そして、全チーム・全選手の最終演技者、冨田《とみた》。

この日は5種目中これまでの4種目すべてでハイスコアをたたきだし、よゆうをもって試合を進めていた。

ただ、この最終種目で米田《よねだ》、鹿島《かしま》の演技を見守る間、その冨田《とみた》をも異様な緊張《きんちょう》感がおそった。

最後に自分が大きな失敗をしたらすべてが台なしになる。

それでもマットに上がると、冨田《とみた》は平常心を取りもどしていた。

マットの下では、中野《なかの》が仲間に声をかける。

「みんなで、手をつなぎましょう」

日本チームが一直線につながって見守るなか、冨田《とみた》の鉄棒がはじまった。

自信に満ちた、だいたんかつ正確な演技。

はなれ技から舞《ま》い降りた両手が確実に鉄棒をつかむ。

演技が進むにつれ、会場にはそれまでとちがい、失敗への不安よりも、すばらしい演技を楽しむワクワク感が満ちていく。

このとき、冨田《とみた》自身も鳥はだの立つような、ふしぎな心地よさを味わっていた。

大技「コールマン」がみごとに決まった。

大歓声《かんせい》で会場がゆれる。

残す難関は、着地。

もう少し演技をしていたい、と冨田《とみた》は思った。

これほどの大舞台《ぶたい》で、そんな気持ちになったのははじめてだ。

深夜２時の日本のテレビ中継《ちゅうけい》では、アナウンサーが演技のフィナーレを告げる言葉を発している。

その1秒、スローモーション

「伸身《しんしん》の新月面がえがく放物線は……栄光への架《か》け橋だ！」

大きな弧《こ》をえがいて冨田《とみた》の体が舞《ま》う。

マットに吸いこまれるような、完ぺきな着地が決まった。

両のこぶしをゆっくりと、力をこめてつき上げる冨田《とみた》。

点数は、9・850。

この日くり広げられた全演技のうちの最高点。

拍手《はくしゅ》と歓声《かんせい》に包まれる会場。

プレッシャーに勝って、みごとな演技をそろえた日本チーム。

彼《かれ》らを称賛《しょうさん》するルーマニアとアメリカの選手たちの笑顔もあった。

「日本はそれまで低迷していたと言われていた。だけど、その時代に積み重ねてきたものがある。いいタイミングでぼくたちが引きつげた」

これは後の鹿島《かしま》の言葉だ。

モントリオール大会から28年。

ようやく手にすることができた、団体の金メダル。

今このとき演技をしている選手は１人かもしれない。

だが、その過去にはたくさんの選手たちが連なっている。

そして、未来にも。

栄光の架《か》け橋は、つながった

アテネの表彰《ひょうしょう》台でつないだ手を高くかかげる日本チーム。

その姿を、テレビごしに目をかがやかせて見つめる日本人の少年がいる。

高校１年生のその少年は、いつの日か表彰《ひょうしょう》台の同じ場所に立つ自分の姿を思いうかべている。

そのイメージは12年後、現実の光景となる。

少年の名は、内村航平《うちむらこうへい》。

栄光の架《か》け橋がつながった、瞬間《しゅんかん》だった。

【参考文献】

「8年後に語られたアテネ五輪体操団体総合金メダル〝団結〟秘話」（スポニチアネックス）

「ヒーローたちの名勝負スペシャル　体操ニッポン復活の金メダル～アテネ五輪男子団体」（NHK総合）2013

『心にのこるオリンピック・パラリンピックの読みもの　2』（学校図書）2016

［編著］
大野益弘（おおの・ますひろ）
ノンフィクションライター・編集者。株式会社ジャニス代表。日本オリンピック・アカデミー理事。日本スポーツ芸術協会理事。福武書店（現ベネッセ）などを経て編集プロダクションを設立。筑波大学大学院終了。著書に『オリンピック ヒーローたちの物語』（ポプラ社）など多数。

［執筆］
美甘玲美（みかも・れみ）
筑波大学大学院人間総合科学研究科スポーツ健康システム・マネジメント専攻修了。日本オリンピック・アカデミー会員。スポーツ・旅行系出版社、シンガポール邦字紙等を経て、フリーライターとして執筆活動中。

［執筆］
宮嶋幸子（みやじま・さちこ）
横浜市立大学卒業。三起商行（ミキハウス）に入社し、月刊誌や絵本の出版に携わる。その後、編集プロダクションで取材・執筆のノウハウを学び、2001年よりフリーライターとして活動。企業広報誌等に執筆多数。

ブックデザイン　小口翔平＋喜來詩織（tobufune）

10分で読める
オリンピック・パラリンピック物語2
永遠の友情

2020年3月15日　第1版 発行

編　著　大野益弘
執　筆　美甘玲美　宮嶋幸子
写　真　フォート・キシモト
発行者　岡本光晴
発行所　株式会社あかね書房
〒101-0065　東京都千代田区西神田3-2-1
電　話　営業（03）3263-0641　編集（03）3263-0644
印刷所　中央精版印刷株式会社
製本所　株式会社難波製本

NDC916　199ページ　22×16cm

ISBN 978-4-251-09605-0
落丁・乱丁本はお取りかえいたします。定価はカバーに表示してあります。
https//www.akaneshobo.co.jp

10分で読める
オリンピック・パラリンピック物語

世界の頂点

羽生結弦［フィギュアスケート］／長野冬季大会 スキージャンプ団体［スキージャンプ］／高橋尚子［マラソン］／北島康介［競泳］／ビキラ・アベベ［マラソン］／アントン・ヘーシンク［柔道］／カール・ルイス［陸上競技］／ウサイン・ボルト［陸上競技］／国枝慎吾［車いすテニス］／伊調馨［レスリング］

永遠の友情

内村航平［体操］／京谷和幸［車いすバスケットボール］／チーム朝原［陸上競技］／リオ大会 卓球日本女子チーム［卓球］／上野由岐子［ソフトボール］／東洋の魔女［バレーボール］／なでしこジャパン［サッカー］／平昌大会 カーリング女子［カーリング］／平昌大会 パシュート日本女子［スピードスケート］／アテネ大会 体操男子日本チーム［体操］

譲れぬ激闘

吉田沙保里［レスリング］／谷（田村）亮子［柔道］／葛西紀明［スキージャンプ］／水谷隼［卓球］／平野歩夢［スノーボード］／成田真由美［パラ水泳］／橋本聖子［スピードスケート・自転車］／羽根田卓也［カヌー］／前畑秀子［競泳］／人見絹枝［陸上競技］

信頼と情熱

リオ大会 男子リレーチーム［陸上競技］／デューク・カハナモク［競泳］／小平奈緒とイ・サンファ［スピードスケート］／高橋礼華と松友美佐紀［バドミントン］／上村愛子［スキー］／西方仁也と24人のテストジャンパー［スキージャンプ］／土田和歌子［車いすマラソン］／ミュンヘン大会 男子バレーボール［バレーボール］／西田修平と大江季雄［陸上競技］／西竹一［馬術］

絶望と復活

瀬戸大也と萩野公介［競泳］／浅田真央［フィギュアスケート］／ジム・ソープ［陸上競技］／古橋廣之進［競泳］／円谷幸吉［マラソン］／佐藤真海［パラ陸上］／山下泰裕［柔道］／ベラ・チャスラフスカ［体操］／ジェシー・オーエンス［陸上競技］／金栗四三［マラソン］